Scherze, Lügen, Fabeln in alten Predigten

Scherze, Lügen, Fabeln in alten Predigten

Herausgegeben von Thomas Maess

Holzschnitte von Margarete von Haimberger

nymphenburger

Die Texte wurden den sprachlichen und orthographischen Gewohnheiten heutiger Leser angepaßt, allerdings wurde darauf geachtet, daß Stil und Rhythmus erhalten blieben.

Schmutzumschlag: Atelier Höpfner-Thoma, München, unter Verwendung eines Gemäldes von Eugenio Lucas, Inneres einer Kirche (Artothek J. Hinrichs, Planegg)
Satz: Fotosatz Weihrauch, Würzburg
Druck: Jos. C. Huber KG., Dießen
Binden: Thomas Buchbinderei, Augsburg
Printed in Germany 1988
ISBN 3-485-00581-9

Inhalt

Aus Haus, Hof und Familie

Von Weibern und vom Ehekrieg

Aus dem einfachen Leben

Fabelmärlein

Aus Haus, Hof und Familie

Andreas Strobl

Ein reicher Geizhals verbirgt seinen Schatz unter sein Haus-Altärlein

Lächerlich ist anzuhören, was einstmals einem reichen Geizhals widerfahren. Dieser Geld-Lümmel hatte nach und nach einen großen Schatz von Talern und Dukaten zusammen geschunden, und das war seine größte Freud auf der Welt. Nun stand er aber in Sorgen, und wußte nicht, wo er dies sein Geld sollte hinlegen, oder eingraben, daß ihm niemand darüber kam, weil er wußte, daß auch oftmals dem Hausgesinde und nächsten Verwandten nicht zu trauen ist. Auch ist kein Schloß so stark und gut, welches nicht könnte zerbrechen oder aufgesperrt werden. Er spintisierte deswegen Tag und Nacht darüber, und es machte ihn viel hundert Mucken, wo er doch seinen Schatz sollte hinlegen. Endlich fällt ihm was ein, und er resolvirt sich, solchen an ein so vorteilhaften Ort zu tun, allwo es kein Mensch entrauen, oder argwohnen möchte, daß ein Geld darin verborgen wäre. Er hatte in seinem Haus ein kleines andächtiges Capell und Haus-Altärlein, dahinter gedachte er, will ich meinen Schatz verbergen. Zu diesem Ziel und Ende läßt er alldort das Grab Christi zurichten, nach dem Modell und der Form des wahren H. Grabes, in welchem Christus, der süßeste Heiland, gelegen ist, da, gedacht er bei sich selbst, wird mein Geld am sichersten sein. Tut darauf ein Truchen voller Gold und Silber dort hinein setzen, und damit niemand einigen Argwohn eines verborgenen Schatzes haben sollte, ließ er außen her an des Grabes Altar hinan schreiben: »Hic iacet Christus sepultus. Da liegt Christus begraben.« Dieses Grab täte der reiche Hudler den Tag herum viel öfter als vormals mehr goldselig als gottselig besuchen, welches einer von seinen Dienern vermerktet. Dieser ging einsmals dahin vor selbige Kammer-Tür, hielte die Ohren heimlich hinzu, schaut auch zum Schlüssel-Loch, höret da Geld klingen, und sieht, daß er anstatt des Beter-Murmelns Dukaten und Taler durch die Hände laufen läßt. Schöpfet darauf den Argwohn, daß er gewiß da sein Schatz verborgen habe, geht derowegen, als sein Herr einstmals ausgereist, hinein, durchsucht den Altar, und das Grab und findet alldort das Schatz-Truchen. Entdeckt solches hernach den anderen Dienern, seinen Kameraden, beratschlagt sich mit ihnen, was zu tun? Sie wurden aber bald eins, eröffnen die Kammer und das Grab samt dem Truchen, nehmen alles Geld heraus, löschen hernach die vorige Grab-Inschrift aus, schreiben anstatt der vorigen, diese Worte heran: »Surrexit, non est hic. Er ist auferstanden und ist nicht hier.«

Heribert von Salurn

Wie ein ungeratener Sohn den alten Vater schlecht gehalten

Bekannt ist die Historie von demjenigen Vater, welcher von seinem Sohn gar übel ist gehalten worden, weil er mit seinem Vater auch also ist umgangen: Einstmals ergriff der Sohn diesen seinen Vater bei dem Haar, riß ihn gen Boden, und zog ihn auf den Boden bei dem Haar zur Stube hinaus, schleppt ihn über die Stiegen hinunter und wollte ihn gar durch das Haus hinaus ziehen. Wie er aber mit ihm zu der Haus-Tür kommt, schrie der elende Vater auf: ziehe mich nit weiter, mein Sohn, ziehe mich nit weiter, denn ich hab meinen Vater auch nit weiter bei dem Haar heraus gezogen als bis daher.

Seht! wie der Allmächtige Gott verhängt, daß den Kindern von ihren Kindern eben mit derjenigen Maß eingemessen wird, mit welcher sie ihren Eltern ausgemessen haben.

Fast dergleichen Exempel erzählt auch Ceasarius von einem anderen Vater, welcher, weil er schon alt, und Witwer war, seinen erwachsenen einzigen Sohn verheiratet und auf vielfältiges Anhalten des Sohns ihm das völlige

Hauswesen übergeben hat. Er hat sich bei dem Sohn eingenistet, und ihm gewisse Bedingungen gemacht. Der Sohn erzeigte sich anfänglich gegen seinen Vater gar fein und liebreich, gab ihm ein eigenes schönes Zimmer im Haus und hielt ihn gar wohl, es stand aber nicht lange an, da ließ die Liebe des Sohns gegen den Vater nach, der gute Alte war voller Cathar, er fing an, baufällig zu werden, hatte einen ständigen Auswurf und Husten, daß des Sohns Weib wurde darüber überdrüssig. Sie lag ihrem Mann so lang in den Ohren, bis daß er seinen alten Vater aus dem feinen Zimmer heraus nahm und ihm unten hinein im Haus ein schlechtes Winckele gab, dort mußte der gute Alte vorlieb nehmen. Man ließ ihn dort husten und kreisten, so lang er wollte, kein Mensch im Haus achtete sich seiner. Einstmals beklagte sich der gute alte Vater gegen den Sohn, daß er gar übel bekleidet sei, und nicht so viel habe, daß er sich bei der Nacht konnte bedecken, und vor der Kälte beschützen. Der Sohn, welcher den Vater lieber tot gesehen hätte als lebendig, ging gleichwohl endlich hin, kaufte vier Ellen grobes Tuch, schnitt dasselbige voneinander und gab die zwei Ellen dem armen Vater, die anderen zwei Ellen aber legte er beiseite, und sagt zu dem Vater, er solle sich mit den zwei Ellen behelfen, so gut er konnte. Nun hat dieser Sohn auch schon ein kleines Söhnlein, dieses nahm heimlich die zwei Ellen Tuch, welche sein Vater beiseite gelegt hatte, und versteckte sie; der Vater suchte das Tuch allenthalben, konnte es aber nirgends finden. Endlich aber sagt das Kind, aus sonderbarer Schickung Gottes, zu dem Vater: Vater, ich weiß wohl, wo das Tuch ist, ich habs da versteckt. Der Vater unwillig, fragt: Was willst du mit dem Tuch tun? Ich wills aufbehalten, antwortet das Kind, damit, wenn ihr alt werdet, ich es euch geben kann, und ihr euch damit bedecken möget. Wie ihrs eurem Vater gemacht habt, so will ich es auch euch machen. Der gute Vater ertatterte über diese Reden des Kinds, und sagte: Nun, nun ich wills nie mehr tun, das Kind antwortet drauf: Nun, so wills auch ich nit mehr tun. O wunderliche Sach: Durch ein kleines Kind machte Gott der Herr den untreuen Sohn gegen seinen Vater zu Schande. Der Sohn ließ ihm dieses eine Warnung sein, hielte hinfüran seinen Vater in besseren Ehren, gab ihn wiederum das vorige schöne Zimmer ein, und ließ ihn keinen Abgang mehr.

Johann Friedrich Varnhagen

Weiberhändel und was ein lustiger Kopf daraus machte

Es ist artig, was ein sicherer Schreiber erzählt von zwei erboßten Weibern, die zum Richter gingen wegen eins Schmähhandels. Der Richter wies sie von sich. Sie gingen zu ihrem Fürsten selber, wohlwissend, daß derselbe auch den allerschlechtesten Menschen anhörte. Sie brachten mit so ungehaltener Zunge und hitzigen Worten ihre Sache vor, daß ihnen auch lauter Gift, Geiffer und Schaum zum Mund heraus sprang. Seine Durchlaucht hörte diesen beiden Xantippen-Schwestern mit hoher Geduld eine Weile zu, endlich aber, wie sie nach Überlegung der Gerichts-Acten sahen, daß der Handel auf keinem Beweis, sondern lauter leerem Geschwätz und Plauder-Werk beruhte, schrieb sie auf erwähnte Acta, anstatt des End-Urteils mit eigener Hand diesen zwar lustigen, doch gar klugen Bescheid, nicht etwan ex Bartolo et Baldo, sondern der kleinen Kinder Grammatic:

»Ich sage, du sagest, er saget, wir sagen
Ihr saget, Sie sagen: in summa lauter sagen!«

Ein lustiger Kopf machte sich darüber her und faßte es, wie es wohl wert ist, in folgendes:
Weiber-Händel, die wie bräuchlich, unter ihnen oft entstehn, pflegen endlich auf ein sagen und auf nichts mehr auszugehn:
Jene sagte dieses neulich und es sagte jenes die, dieses hat sie nicht gesaget, jene sagte solches nie.
Eine sagte, daß da sagte diese, jene sagte das.
Nein, sie sagte, daß sie sagte dieses nicht nur sonsten was.
O ich weiß wohl, was sie sagte, will sagte sie ihr sagen nicht
Was sie sagte will ich sagen, was sie sagte frei ans Licht
Ei, sie sagte, was ich sagte, eh ich sagte, sagt sie vor
Sagte nur, daß sie solle sagen, was sie mir sagte in ein Ohr.
Dieses sagen will nun wehren, weil das Leder wert ums Maul
Denn zum Sagen und zum Plaudern sind teils Weiber selten faul!

Gregor Strigenitz

Reime auf die Altersstufen

Ich meine nicht, daß wir so alt werden, wie man etwa pflegt zu sagen von den zehn Altern des Menschen in unterschiedlichen Reimen, als von den Mannspersonen:
Zehn Jahr – ein Kind
Zwanzig Jahr – ein Jüngling
Dreißig Jahr – ein Mann
Vierzig Jahr – wohl getan
Fünfzig Jahr – stille stahn
Sechzig Jahr – gehst das Alter an
Siebenzig Jahr – ein Greis
Achtzig Jahr – nimmer weiß
Neunzig Jahr – der Kinder Spott
Hundert Jahr – gnad dir Gott.
Von den Weibspersonen und ihrem Alter hat man auch sonderliche Reim und Verslein gemacht, darinnen begriffen und kürzlich zusammen verfasst, was es mit einem jeden für Gelegenheit habe.
Zehn Jahr – kindisch und klein
Zwanzig Jahr – ein Jungfräulein
Dreißig Jahr – ein Frau Siemon
Vierzig Jahr – ein Herr Matron

Fünfzig Jahr – voller Religion
Sechzig Jahr – ihren Mann warten kann
Siebenzig Jahr – sehr ungestalt
Achtzig Jahr – häßlich und alt
Neunzig Jahr – der Welt schabab
Hundert Jahr – füllet das Grab.

Johannes Mollerus

Tochter säugt ihren Vater

Conon, ein Athenienser, der von anderen Cimon genannt wird, war um schwerer Anklage willen zum Tode verurteilt, daß er im Gefängnis sterben sollte. Niemand durfte zu ihm gehen, auch seine Tochter, Pero genannt, die ein klein säugend Kind zu Hause hatte, wurde doch allezeit von den Hütern des Gefängnißes durchsucht, damit sie nicht etwas Speise mit sich hinein trüge. Als es sich aber lange mit dem Alten verzog und niemand wissen konnte, von was er doch leben möchte, gab der Stockmeister heimliche Achtung und befand, daß die Tochter den alten Vater an ihrer Brust säugte, gleich wie ein Kind. Der zeigte dieses der Obrigkeit an, die solche Liebe ihr wohl gefallen ließ, daß sie dem Alten das Leben schenkten und der Tochter über die erzeigte Ehre reichliche Verehrung gaben.

MARCELLIANUS DALHOFER

Drei Söhne in ihrer Faulheit examiniert

Es mag wohl ein Gedicht sein, daß ein Vater demjenigen von seinen drei Söhnen das Erbteil hinterlassen, welcher von ihnen für den Faulsten werde erkannt werden. Der erste sprach: Ich bin so faul, daß, wenn ich meinen Fuß auf lauter glühende Kohlen hätte, ich dennoch, aus lauter Faulheit, denselbigen nit zucken wollte, und sollte er auf das schmerzlichste verbrannt werden. Der andere sprach: Ich bin so faul, daß, wenn ich den Würg-Strick um den Hals hätte, mich auch mit einem einzigen Messer-Schnitt vom Tod kundte los schneiden, ich dennoch, aus lauter Faulheit, die Händ nit möchte um das Messer zu ergreifen, in den Hosen-Sack einschieben. Der dritte wollte das Prae in der Faulheit haben und sagte: Ich bin so faul, daß, wenn ich Rücklings zur Erden läge und die Augen offen hätte, es auch spitzige Nadeln regnete, ich dennoch die Augen nit wollte zuschließen . . .

Marcellianus Dalhofer

Ein Bauer gibt vor, der Herr in seinem Haus zu sein

Sehr possierlich hat einst in einer Stadt ein Spöttler solches unter sich belachet, indem er eine große Seite Speck an das Stadt-Tor hat angeschlagen, mit folgendem Zettel und Worten: Wer im Haus Meister und kein Sie-Mann (der Frau hörig), der nehme die Speck-Seiten hinweg! Viel Tage waren bereits verstrichen, da der Speck unberührt hängen blieb. Endlich kam ein Bauer elend angelaufen, erwischte die Speck-Seite und wollte mit davon. Aber hola Baur! wo willst du mit dem Speck hin? Weißt du nit, daß selbige demjenigen zugehörig allein sei, welcher Herr in seinem Haus ist? Freilich, antwortete der Baur, weiß ich es; dahero, weil ich im Haus Herr bin, so gebührt der Speck mir. Man sagte ihm aber, daß wenn diesem also, so solle er ihn gleichwohl hinweg nehmen, doch aber, daß er ihn nit etwa genommen werde, unter dem Kittel verbergen. Da verschnackelte sich der Baur sprechend: Behüte mich Gott! ich möchte das Hemd damit schmutzen, was würd mein Bäuerin darzu sagen? Es hieß aber gleich: Geschwind Baur,

geschwind Baur, geschwind mit der Speck-Seite her! und hängt sie wieder an ihr Ort! du mußt nit Herr in deinem Haus sein. Der gute Corydon hoffte mit diesem Speck auf eine lange Zeit sein Kraut und Rüben zu schmalzen; aber er mußte ihn wieder hin hängen, wo er ihn genommen. Die Speck-Seite soll noch hängen.

Von Weibern und vom Ehekrieg

GEORG STENGEL

Seid behutsam in dem Lieben und Loben

Der Tod ist bei den Verehelichten viel schwerer als bei denen, welche in dem ledigen Stand sind. Propertius, der Poet, meldet von einem, dem der Tod seines Eheweibs so schwer gefallen ist, daß er sich bei dem Grab desselben entleibt hat. Er redet also davon: Haemon wollte nicht mehr leben, da sein Weib ihm verstorben war, er hat sich selbst einen Stich gegeben, sich gelegt in die Totenbahr. Das war eine unsinnige Traurigkeit, welche freilich nit zu loben, höchstens zu schänden ist. Aber wir hören gar oft von den verlassenen Eheleuten solche Worte, welche den Schmerzen des betrübten Gemüts genugsam anzeigen: Ach, ich kann nicht mehr leben, nachdem ich diejenige verloren, die ich mehr als mein Leben geliebt hab! Die Seel ist mir durch diesen Tod aus meinem Leben heraus gerissen worden! Ach, wenn ich auch mit ihr hätte können sterben und begraben werden! . . .
Ich kann auch wohl sagen, daß oft die Eheleute selbst daran schuldig sind und Ursache geben, daß eines unter ihnen frühzeitiger stürbt.

Man erzählt von einem König, mit Namen Cambles, daß er aus übermäßiger Liebe seine eigne Ehegemahlin zu Nachts gefressen; und man habe in der Früh noch eine Hand von der Königin in seinem Mund gefunden. Das kommt uns seltsam vor und verwundert uns daran. Dieses geschieht zwar selten, daß die Männer auf solche Weise ihre Weiber lieben. Aber sie richten ihre Weiber auf eine andere Weise gar oft und bald zu Grund, wenn sie diesselbe gar zu stark lieben, da sie ihnen alles zulassen, was sie gelüstet, sei es hernach nutz oder schädlich, das fragen solche Weibermänner nicht viel danach, wenn nur der Lieb ihrer Geliebten erfüllt wird. Ja, sie geben sich selbst aus solcher närrischen Liebe in die höchste Gefahr, daß sie bei Zeiten sterben müssen. Will es weiter nicht erklären, sondern nur eine uralte Geschichte herbeisetzen, damit keiner sagen kann, ich habe auf ihr gestochen: Ein solches Beispiel haben wir an dem König Ninus, welcher schon vor etlichen tausend Jahren gelebt, und durch seine gar zu starke Weiberlieb zu Grunde gangen ist. Von diesem schreibt Plutarchus, daß er sich ganz und gar von der schönen Semiramis habe einnehmen lassen. Sie war am Anfang ein Magd eines gemeinen Dieners bei dem königlichen Hof und hatte sich mit schändlicher Dargebung ihres

Leibs ernährt, wie auch ihrem Herrn einen ziemlichen Gewinn gemacht. Nichts desto weniger hatte sie dem König also gefallen, daß er sie für seine Königin angenommen. In diesem hohen Stand konnte sich Semiramis kaum fassen und hatte den König mit ihrem Liebkosen und Schmeicheln also ihr untertänig gemacht, daß er ihr nichts konnte abschlagen, was sie auch immer begehrte. Einmal verlangte sie von ihm, daß er ihr, zwar nur auf einen Tag, alle königliche Gewalt überlassen wollte. Sie begehrte, daß sie den königlichen Thron besteigen, die Krone auf dem Haupt haben, den Szepter in der Hand führen, und über alle, wie sie wollte, gebieten durfte. Ninus wollte diese seine so liebe Ehegemahlin nicht betrüben, verwilligte ihr also diese höchste Gewalt auf einen Tag und hatte öffentlich lassen ausrufen, daß alle denselben Tag der Königin allein wie ihm unmittelbar sollten untertänig sein und ihr in allem gehorsam, was sie befehlen würde. Dieses königliche Weiberregiment ging derohalben an; und hatte sich am Anfang Semiramis gar behutsam darein geschickt, damit sie sehen konnte, ob die Untertanen allen ihren Befehlen wollten nachkommen. Da sie aber erfahren hat, daß man ihr auf das beste gehorsamte, hat sie den König Ninus selbst lassen gefangen nehmen und in Eisen und Band schlagen. Ja, sie kam endlich so weit, daß sie ihm vor Ende des Tages ließ den Kopf fortschlagen, damit sie ihr Regiment mit dem Tag nicht aufgeben mußte, sondern dasselbige noch länger fortsetzen konnte, welches sie auch mit gutem Vergnügen der Untertanen lange Jahre behalten hat. Hätte Ninus sein Weib nicht so närrisch geliebt, wäre er kecker gewesen, ihr dieses so weit ausehende Begehren abgeschlagen, würde er länger gelebt haben. Ist also er an seinem eignen Tod selber schuldig gewesen.

Ich sollt ja schier sagen,
Wann eine sich klagen,
Daß sie den Weibern allzeit gezwungen
nachzugeben,
und dürfen gar auf keinen Tritt im
geringsten widerstreben
geschieht recht euch geilen Venus-Affen,
an jeder ihr euch wollt vergaffen . . .

WOLFGANG RAUSCHER

Von zwei widerspenstigen Weibern

Aelianus schreibt von den Sacis, einem wilden Volk aus Scythia, daß sie folgender Gestalt zu heiraten pflegen. Der Bräutigam und die Braut müssen mit einander eins ringen, und wer des anderen Meister wird und ihn eh zu Boden wirft, der hat hernach die Macht, dem andern zu gebieten. Gewinnts der Mann, so ist er Herr im Haus, siegt das Weib ob, so gebührt ihr das Regiment und der Mann muß ihr tun, was sie will. Es scheint, bei manchen christlichen Ehe-Leuten währt dieser Haus-Krieg nit nur einen Tag, sondern viele Jahr, indem bald er, bald sie will Herr sein und die Oberhand haben, und ist der Katz-palgen kein End . . . Solchen Ehe-Leuten, die also übel beseligt sind, ist es nit für ungut zu haben, wenn sie bei gesundem Leib über das Zahn-Wehe oder das Seitenstechen klagen. Ein übles Zahn-wehe ein bissiges zänkisches Weib. Ein hartes Seiten-wehe ein grober Mann am Tisch und Bett. Als einem die Zeitung gebracht wurde, daß sein Weib ertrunken wäre, lief er eilends zum Gstatt hinaus, setzte sich auf ein Zillen und fuhr den Fluß aufwärts, sie zu suchen. Als man dessen lachte und ihn ermahnte, abwärts zu fahren, wenn er den Leichnam finden wollte, gab er zur Antwort: nein fürwar, ich kenn mein Weib besser denn ihr: sie ist allzeit, Gott tröst sie, zu Leb-Zeiten eines widrigen Sinns gewesen, vielleicht ist sie auch nach ihrem Tod aufwärts geschwommen. Ein anderer beteuerte seinen Nachbarn bei dem Trunk, daß er allbereit zwanzig Jahr mit seinem Weib hause, sie sei aber niemals einerlei Willens gewesen, außer ein einziges mal, da ihnen das Haus brannte, da, sagte er, sind wir unter der Stuben-Tür zusammengekommen, und ein jedes hat wollte der erste hinaus sein etc. Ewiger Gott, was für ein elendes Leben ist dies!! Zwanzig Jahr im Ehestand miteinander hausen und nit besser zusammen sehen als der zweiköpfige Reichs-Adler, wo ein Kopf gen Orient, der andere gen Occident sieht? Wie muß es nit so lustig hergehn, wenn es heißt:

Will er Schwarz, so will sie Weiß,
Will er Trank, so will sie Speis,
Sagt er Hui, so sagt sie Pfui!
Sagt er Hi, so sagt sie He!
Ist ja das ein feine Eh'!

ALBERTUS STEFFAN

Eheleute schlagen einander vor dem Essen

O wohl ein armseliger und unglückseliger Stand, wo bei den Eheleuten es fast täglich donnert und einschlägt, wie es bei jenen geschehen, die alle Tage einander in den Haaren lagen: Als einstens das Essen schon auf dem Tisch gestanden, fragte der Mann seine Frau: Nun Frau, wollen wir vor oder nach dem Tisch einander brav herum schlagen? Da antwortete die Frau, ich meine, es sei besser vor dem Tisch, so können wir danach mit Ruhe essen: Nur her! und schlugen an statt des Tisch-Gebets einander die Haut brav voll.

Andreas Strobl

Ein Körblmacher schlägt sein Weib

In einer gewissen Stadt war ein feiner gottsfürchtiger Mann, seiner Profession nach ein Körblmacher, welcher kein anders Einkommen oder Mittel hatte, als was er durch das Körblmachen gewann. Davon mußte er sich und sein Haus hindurch bringen, war demnach mit seiner Handtierung gar wohl zufrieden, Gott gab ihm den Segen, daß ihm alles wohl ersprossen. Daher unterließ er auch nicht, allzeit, wenn er ein Körbl fertig gemacht hatte, Gott dafür zu danken und zu sagen: *Daß Gott sei Lob, das Körbl ist gemacht*: Und dieweil sich der Segen Gottes bei ihm täglich vermehrt, trieb er auch sein Weib an, wie billig, und ermahnte sie, sie soll ebenfalls, wie er, Gott loben und Dank sagen, und wenn ein Körbl fertiggeworden ist, sagen: *Daß Gott sei Lob, das Körbl ist gemacht.* Das Weib aber wollte nit daran, und schüttelt den Kopf und murrt darwider.

Der gute Körblmacher hatte ein großes Mißfallen ob dieser Halsstarrigkeit, und weil er im Guten nichts ausrichten konnte, wollte er mit

Schärfe verfahren. Derowegen, als er einsmals ein absonderlich schönes Körbl verfertigt, spricht er: *Daß Gott sei Lob, das Körbl ist gemacht.* Zeigts hernach seinem Weib und ermahnt sie, Gott darum zu loben und spricht: Sag fein, wie ich, *daß Gott sei Lob, das Körbl ist gemacht.* Sie wollts aber nicht sagen. Der Mann wird darüber zornig, schreit ihr zu, willsts nit sagen? Nein, ich sags nit, was geht mich dein Körbl an! Sagst du's nit? replicirt er, so komm ich dir übern Kopf. Komm nur her, spricht sie, was frag ich nach deinem Körbl. Der Mann voller Unwillen, nimmt das Körbl, schlägt's dem Weib übern Kopf, daß die Trümmer davon springen, und drückts hernach erst mit den Fäusten gutding ab, schlägt in sie was er konnte und schrie zugleich: *S'Körbl ist gemacht, s'Körbl ist gemacht.*

Das Ragell war kaum vorüber, da ist's gleich dem Bürgermeister zugetragen worden. Der erzählte seiner Frau, daß der Körblmacher sein Weib geschlagen, weil sie dem Mann nit nachsagen wollte: *Daß Gott sei Lob, das Körbl ist gemacht.* Dessentwegen schlagen? Ist denn das ein Unrecht? Ich sag's halt auch nit, sie hat recht tan. Wie? spricht der Herr, wollst du es auch nit sagen? Nein, spricht die Frau, ich sag's auch nit. Der Herr erzürnt sich darüber und schlägt die Frau zum öftern um den Kopf, schreiend zugleich: *S'Körbl ist gemacht, s'Körbl ist gemacht, s'Körbl ist gemacht.* Unterdessen ist die Körblmacherin zum Gericht gelaufen und hat ihren Mann verklagt, daß er sie also tractire und schlage um die schlechteste Sache. Der Herr Stadt-Richter fragt, was sie denn getan? Nichts, sagt sie, als daß sie ihm nit hab nachsagen wöllen, wie er den Korb ausgemacht: *daß Gott sei Lob, das Körbl ist gemacht.* Der Stadt-Richter lacht darüber, sagt zu ihr, sie sollen sich vergleichen. Nachdem die Körblmacherin abgetreten, fragt die Frau Stadt-Richterin ihren Herrn, was das Weib gewollt, wen sie verklagt hat? Sie hat halt ihren Mann verklagt, sagt er, daß er's so bitter geschlagen. Was hat's denn getan? Das hat sie ihm getan, daß sie ihm nicht hat nachsagen wöllen: *Daß Gott sei Lob, das Körbl ist gemacht.* Warum schlägt er's um ein so schlechtes Ding, spricht die Frau. Ist's der Mühe wert? Sie hat recht tan, ich sag's selbst auch nit. Nit? spricht der Herr, wenn ich's aber haben wollt? Nein, ich sag's dennoch nit. Der Herr ergrimmt sich über die Frau, durchschlägt sie, und böhrt ihr den Kopf ab, wie ein Butterteig, sagend zugleich: *s'Körbl ist gemacht, s'Körbl ist gemacht, s'Körbl ist gemacht.* Der Schreiber hat solches gehört, und durch das Schlüssel-Loch zugesehen, läuft alsobald

in die Küche, sagts der Köchin. Was ich euch sagen muß, der Herr hat die Frau geschlagen. Warum? Deswegen, weil sie nit sagen wollt: *Daß Gott sei Lob, das Körbl ist gemacht*, und erzählt ihr zugleich den ganzen Verlauf.
Hat recht getan, sagt die Köchin, ich sags auch nit. Wenn ich euer Mann wär, replicirt der Schreiber, so müsst ihr's wohl sagen. Ich ließ es aber wohl bleiben, spricht die Köchin, Mann hin, Mann her. Der Schreiber, nit faul, schlägt die Köchin ums Maul, geht ihr mit der Faust um den Kopf herum, wie der Binder ums Faß, und sagt: *s'Körbl ist gemacht, s'Körbl ist gemacht, s'Körbl ist gemacht*. Sie rauften also in der Küche ein gute Röck miteinander, bis letztlich der Gerichts-Procurator kommt und sie voneinander bringt.
Dieser, wie er nach Hause kommen, sagt's seinem Weib, was sich zugetragen, wie der Oberschreiber die Köchin geprügelt, weil sie nit sagen wöllen: *Daß Gott sei Lob, das Körbl ist gemacht*. O recht hat's tan, spricht sein Weib, was hat er mit der Köchin zu schaffen? Ich sag's selbst auch nit. Wollst du auch so stützig sein? sagt der Procurator, und nur geschwind mit den Ochsenzehn her, mißt ihr den Buckel damit ab und schlägt ihr den Staub aus, sagend: *s'Körbl ist gemacht, s'Körbl ist gemacht, s'Körbl ist gemacht, s'Körbl ist gemacht*.

CONRAD PURSELT

Eheleute befinden einander untreu

So trösteten sich vor Zeiten jene zwei junge Eheleute, als sie einmal ganz vertraulich miteinander redeten. Sprach der junge Mann, liebstes Schätzlein, ich hab ein Tochter, sie ist nun übers Jahr mir zugefallen, wirst du es ja auch lieb haben, als wenn es dein Kind wäre? Eben recht, sagt die junge Frau, mein güldener Schatz, und ich hab einen jungen Sohn ungefähr von anderthalb Jahren, das kann zu seiner Zeit ein schönes Pärlein geben zusammen. Der junge Mann erschrak darüber, beklagt sich bei dem Schwieger-Vater, wie er ihn mit seiner Tochter angeführt. Ei Geck, sagt der Schwieger-Vater, meine Tochter wird nur vexirt haben. Ach nein! antwortet der Tochter-Mann, es war ihr gründlicher Ernst. Nun sagt der Vater, soll mich Gott auch hinter die Wahrheit führen, ich will ihr die Mutter über den Hals schicken, die soll sie fragen, und wir beide wollen hinter der Tür lauschen, was sie hierzu sagen wird.
Solches nahm der Tochter-Mann an.
Die Mutter fragt die Tochter, ob sie ihrer Rede

geständig, ob sie ein Kind hab? Freilich, freilich, Mutter, und zwar ein schönes Söhnlein. Ei du Närrin, warum hast du es dann deinem Mann gesagt? Was ist es nunmehr, hat er mir doch auch gesagt, daß er ein schönes Töchterlein hat. Da sprach die Mutter, ich hatte wohl drei Kinder gehabt, ehe ich deinen Vater nahm, und habs ihm doch mein Lebtag nicht auf die Nasen gebunden. Da die, so vor der Tür standen, solches hörten, sagt der Vater zum Tochter-Mann: Was wollen wir daraus machen, wir müssen es halt dulden.

Mauritius Nattenhusanus

Der Teufel von einem bösen Weib rechtschaffen gedrillt

Dieser arme Teufel war ein ungeschickter, plumper Schelm, mit welchem der Lucifer nichts konnte ausrichten. Es war alles mißlungen, was er angriff, derowegen jagte ihn Lucifer darvon aus der Hölle, sagte, weil ja nichts an ihm helfe, noch Gutes, noch Böses, so solle er sich gleichwohl auf die Welt herauf scheren und ein Weib nehmen. Die könne ihn vielleicht besser werde hobeln und abrichten, als er.

Diesem kommt dieser einfältige, plumpe Teufel nach, bekommt aber eine, nicht viel ungleich den zwei obigen, mit welchen der Juncker begabt worden, nämlich mit einem bösen Fegeisen. Die hat ihren Mann, diesen einfältigen Teufel also gehudelt, also gewaschen, also gezwackt, daß der arme Schelm nicht mehr bei ihr bleiben, sondern aus Kleinmütigkeit und Verzweiflung davon gelaufen ist. Aber sein böses Murmeltier eilte ihm mit einem brennenden Scheit nach und hätte ihn beinahe erwischt, wenn nicht der arme Teufel über einen hohen Spalten-Zaun hinüber entronnen wäre. Aber eben bei diesem Zaun wäre es ihm schier am allerübelsten ergangen, da er mit den Hosen an einem spitzigen Spalten hängen blieb, und ihm nicht mehr geholfen werden konnte.

Zu allem Glück aber ging da ein fahrender Schüler vorbei. Diesen bat der Teufel um Gottes willen, er sollte doch sich seiner erbarmen und von dem spitzigen Zaunstecken ledig machen, sonsten erwische ihn sein Weib. Er sei der Teufel, und wolle ihm diese Gnad gewiß vergelten, und einen reichen Mann aus ihm machen. Der fahrende Schüler erlediget ihn von dieser seiner höchsten Gefahr. So marschieren also beide miteinander einem schönen Schloß zu, in welchem ein vornehmer Graf wohnte, der eine einzige schöne, gewachsene Tochter hatte.

Nun, sagte der einfältige Teufel zu seinem Erlöser, dem fahrenden Schüler: liebster Bruder, ich bin dir um dieser großen Wohltat, die du an mir erwiesen, und von dem Zaun ledig gemacht, daß mich mein Weib nicht verwischt, hoch verpflichtet, derowegen will ich mich dankbar einstellen und will in die Tochter dieses Grafen hinein fahren, und du, halte dich nicht weit daherum auf. Wenn man mich dann wird fragen und beschwören, wer mich könnte austreiben, so will ich sagen, das ver-

möge kein anderer Mensch als eben du. Ich werde dich auch bei dem Namen nennen, dazu auch sagen, man solle dir so und so viel tausend Gulden geben. Alsdann will ich ausfahren, und du wirst ein reicher Mann.
Gut, wer war froher als dieser fahrende Schüler, der Handel ging anfänglich ziemlich wohl vonstatten, allein der Teufel wollte auf den Befehl des fahrenden Schülers nicht ausfahren, sondern verlachte und verspottete ihn nur, sagend: Er habe einen guten Ort, er weiche ihm nicht. Wem war da ängster als diesem Schüler. Endlich erdachte er einen Trick: Holla Bruder, was gilts, ich will dich lernen ausfahren: Läßt in der Kirchen ein hohes Gerüst vor der Bühne aufmachen, publicirte auch, daß er allda diesen Teufel öffentlich wolle austreiben, bestellt auch hinter einem Teppich viel Trompeter und Heerpauker. Dann sagte er, wenn er ihnen mit dem Facelet ein Zeichen gebe, sollen sie alle zusammen blasen, und die Heerpauken darein schlagen. Alles war zugerichtet, eine große Menge Volks erschien. Er führte die besessene Tochter auf die Schau-Bühne, beschwört und befiehlt dem Teufel, auszufahren: Aber alles vergebens. Dieser verlachte ihn, wie zuvor; worauf der fahrende Schüler, den Trompetern und Heerpaukern das Zeichen gibt, so fingen alsobald alle zu-

sammen zu blasen, und die Heerpauken zu schlagen, daß die Kirche möchte einfallen: Ob diesem Getöße erschrak der Teufel und fragte den fahrenden Schüler, was dieses bedeute? Ja, sagt er, was müßt es bedeuten? Siehst du nicht, dein Weib kommt zu der Kirchentür herein, jetzt tut man ihr einblasen. So, sagt der Teufel, kommt mein Weib? Ja sie kommt; behüt mich Gott, so bleib ich nicht mehr da, wenn sie kommt: fährt also aus, auf und davon . . .

Ehepredigt eines unbekannten Warburger Dominikaners am 2. Sonntag nach Epiphanie (um 1700)

(Auszug)

Daß der Ehestand ein heiliger, gottwohlgefälliger, vor Himmel und Welt nützlicher Stand sei, ist nit disputierlich bei mir, sondern eine gewisse Wahrheit, denn Gott hat ihn eingesetzt selber in paradiso terrestri; daß er aber vielen Leuten zu einem immerwährenden Wehrstand wird, bezeugt die nur allzu vielfältige Experientus und Erfahrenheit. Der Ehestand ist zu vergleichen dem Apfel, in den gebissen haben unsere ersten Eltern, nachdem sie zusammen geheiratet hatten. Ein solcher Apfel ist der Ehestand, schön, holdselig, lieblich und angenehm anzusehen.
Aber helfe Gott dem, der vorwitziglich darein beißt, er wird manchem dermaßen, daß wenn er wieder zurück könnte, würde er die drei nächsten Tage nimmer anbeißen. Dahero verglichen auch die Römer den Ehestand mit einer Nuß und brauchten diese Ceremonia, daß, sobald man inne ward, daß einer sich verheiraten solle, so warfen die benachbarten Kinder Nüsse ins Haus zur Tür und zum Fenster hinein, um anzuzeigen, daß der Ehestand

einer Nuß zu vergleichen, dieweilen er vielen sogar eine zu harte Nuß ist. Beiße man nur eine Nuß auf, so wird man alsbald ein Kreuz drin finden, eher als den süßen Kern. Deshalb, wenn man den Kern mitten von einander teilt so ist er in Gestalt eines Kreuzes formiert, das Kreuz aber ist inwendig darinnen verdreht. Man sieht nit, bis man die Nuß angebissen hat. Wenn man vermeint, man wolle nit anders als den süßen Kern drinnen finden, so findet man aber viel eher das Kreuz. Ein solches Wesen ist es um den Ehestand. Du vermeinst zwar, du mein junges Blut, daß wenn du nun heiratest, so habest du schon dein Himmelreich, du wolltest lauter süße Nußkern, Milch und Honig dabei essen, so bald du aber angebissen hast, da findest du erst das Kreuz drinnen stecken, das du ihm auswendig nit angesehen hattest . . .

Ja, wird mir vielleicht ein oder ander Mann gern sagen wollen: Ihr habt gut predigen, ihr kennt die Weiber nit, dieweil ihr nie keins gehabt habt. Die Männer sind oft nit schuldig dran, daß es böse Ehen abgibt, sondern die Weiber, die ja so grundlos, so verwöhnt sein, daß, wenn einer nit stets an ihnen bleibt wie an einem Stockfisch, so kann einer ja den geringsten Gehorsam nit von ihnen haben. O nein, die Entschuldigung nehme ich nit an, denn ihr sollt mehr Witz haben als die Weiber, wissend, daß sie mit Liebe, mit der Güte wollen regiert sein, nit mit der Rute. Wißt ihr nit, wie der Schmid das allerhärteste Metall, Eisen und Stahl regiert? Wie ers beugt, und nach seinem Kopf richtet, wie ers haben will? Er stößts zuvor ins Feuer, läßts voll erhitzt und glühend werden, alsdann regiert ers wie er will. Täte er das nit, machte ers nit zuvor heiß, so müßte er lang daran schlagen, ehe ers würde zurecht bringen. Also willst du dein Weib nach dem Kopf haben, so erzeige ihr dies zuvor, daß sie spüren, erkennen und merken mag, daß du sie liebst und nit nur ab und zu mit Worten allein, sondern recht von Herzen. Lege sie in den Ofen deines vor Lieb brennenden Herzens. Wenn sie die Hitze der Lieb von dir empfinden wird, wird sie so hart und anbändig nit sein, daß sie sich nit biegen ließe. Du wirst sie, wie man pflegt zu sagen, um einen Finger wickeln mögen. Tust du das nit, spürt sie keine Lieb und Treu an dir, wenn du sie erschlägst und umbringst, so richtest du nichts mit ihr. Umbringen kannst du sie wohl, aber regieren wirst du sie nit. Und gesetzt, daß sie auch bisweilen eigensinnig und seltsam ist, daß sie dir nit allezeit so gleich nach deinem Kopf tut und nit nach deiner Pfeife tanzt, was ist es dann mehr? Kann man nit ein wenig was nachgeben? Weißt du nit, daß der ist ein Mann, der nachgeben kann? Muß man so geschwind zuerst im Harnisch sein? Es wird ja nit gleich der Himmel einfallen! Das ist schon ein Zeichen, daß du sie nit recht liebst, denn wie der Apostel Pauli sagt: caritas patiens, benigna est, omnia suffert, sustinent. Die rechte wahre Liebe ist gar geduldig, gar gütig, sie überträgt, überwindet und verschmerzet alles. Es mag ja eins des anderen Mangel und Gebrechen übertragen, das gebührt und steht absonderlich dem Mann zu, der einen viel stärkeren Buckel dazu hat denn das Weib.

Ihr wisset ja, wie eine aufgeblasene Blatter behaftet ist, die voller Wind ist. Solang sie aufgebläht ist, kan man nit viel mit ihr anrichten, werfe man sie hin wo man will, so springt sie wieder zurück wie ein Ballen. Je stärker man sie niederschlägt, je höher springt sie auf. Will man mit Füßen darauf springen, entweder fällt man wieder herunter oder man macht sie zerschellen. Will man sie aber bändigen, so muß man sie nur allgemach auflösen und den Wind ausrauchen lassen. Alsdann wird sie so demütig, daß man sie um den Finger mag wikkeln. Also wenn das Weib aufgeblasen ist vom Zorn, so ist nit viel mit ihr anzufangen, man hebe mit ihr an was man will. Man bitte, greine, zanke, schlage und stoße an ihr wie man will, so hat man halt ein schlechte Ehr, was sollte es einem Mann für eine Ehr ein, wenn er mit Prügeln, Fäusten über ein Weib herwischt? Ein schlechte Ehr ists ihm und er richtet nichts damit aus. Schlägt er einen Teufel heraus, so schlägt er hergegen zwei oder drei hinein. Drum, was witzige Männer sind, die wissen nachzugeben, was sie übersehen, es geduldet sie, bis der zornige Geist aus dem Kopf gerauchet ist. Alsdann haltet er ihr ihre begangene Fehler mit Liebe und Bescheidenheit vor, führt er ihr Verhalten zu Gemüt in Güte, und auf solche Weise kann er sie fein regieren.

Nun seht, ihr Frauen, ihr werdet meine Zeugen sein, daß ichs den Männern gesagt, wie sie euch versehen sollen. Jetzt werdet ihrs mir nit vor übel halten, wenn ich euch euren Teil auch geben tue; für euch derowegen gilt eben die Regel des hl. Apostels Pauli; ihr könnt nichts besseres tun, als wenn ihr der Regel fein nachlebet. Wenn ihr etwas seht oder hört von euren Männern, das euch nit gefällt und vielleicht auch nit recht ist, seht durch die Finger, gebt nach: zur Zeit da sie trunken oder zornig sind, da müßt ihr die Mäuler nur voller Wasser halten und dasselbe nit herauslassen bis ihr sie schlafen bringt. Da müßt ihr simulieren, stillschweigen, es ist nit Zeit zum Reden, zur anderen Zeit mögt ihr euren Mann vornehmen, sonderlich am nächsten Morgen. Da müßt ihr ihm zuvor mit freundlichen Worten das Herz abgewinnen ehe ihr mit dem Text hervorbrecht: mein guter Mann, mein herzallerliebster Schatz, mein tausend Freud, nein wie mögt ihr mich doch mit dem oder dem Ding betrügen, ihr wißt ja wohl, daß mir auf der Welt nit mehr zuwider ist als das unmäßige Trinken, Schelten und Fluchen, nein, wendet doch unsere Armut nit so liederlich an, mit Spielen und Trinken. Gedenket doch, daß wir kleine unerzogene Kinder haben, die was bedürfen, ihr wißt nit wie es uns heut oder morgen gehen möchte. Sind wir heut gesund, so möchten wir morgen krank werden, ich, ihr oder die Kinder. Darum seht doch wie ihr etwa einen Pfennig hinterlegen tut.

Ja, solches guts Wort findet eine gute Statt. Aber wenn ihr unbesonnener Weise über sie wollt herwischen und ihnen den Text herunterlesen, so glaub ich wohl, daß sie auch den ganzen Tag ein saures Gesicht zeigen, wenn ihr einen solchen Morgensegen vorbeten wollet . . .

Johannes Mollerus

Phryne beschämt viel geschminkte Weiber

Jenes Weib, genannt Phryne, ward zu einer vornehmen Gasterei geladen, allda viele andere Frauen auch gegenwärtig waren. Es geschah, daß man ein Spiel anfing, davon eine zur Königin erwählt ward und was dieselbe gebot, oder erst selber tat, das mußten die andern alle nachtun.

Die Phryne traf das Los, daß sie sollte Königin sein. Da befahl sie ein Becken voll Wassers herfür zu bringen, netzte alsbald ihre Hände darin zwei oder dreimal, fuhr damit über die Stirne und wusch sich also. Die andern Weiber alle zugegen (die sich unter dem Gesichte geschminkt hatten) durften sich nicht weigern, eben dasselbe auch ins Werk zu stellen. Da löste sich an ihrem Gesichte die angeschmierte Farbe, fiel ab und ließ eine scheußliche, abscheuliche Gestalt hinter sich. Hingegen aber leuchtete der Phryne ihre natürliche Schönheit desto klarer und besser nach dem Waschen hervor.

Aus einer Kasual-Predigt des Braunschweiger Stadtarchivs

Entstehungsgeschichte des englischen Hosenband-Ordens

Ist denn der Ehestand ein christlicher schöner Orden? Man liest in den Historien, daß um das Jahr Christi 1351 in Engelland ein sonderbarer Orden aufgekommen, den man genannt ordinem periscelidis, den Hosenbindel-Orden. Desselben Ordens-Leut tragen am linken Bein ein schönes himmelblaues, mit Gold und Edelstein gesticktes und mit einer weißen und roten Rosen geziertes Hosen-band, daran geschrieben: Vituparetur, qui male cogitat: Dem wird es leid, der es übel deut. Der Ursprung kommt daher:
Eduardus der III. dieses Namens, König in Engelland, hatte sich verliebt mit einer vornehmen Gräfin Adelheida. Als er nun auf eine Zeit, in Beisein vieler hohen Personen einen Tanz mit ihr getan, ist derselben Gräfin ungefähr ein Knie-Bändlein losgeworden und auf die Erden gefallen, der König hebts auf und die Gräfin wird schamrot, da sagte der König: Vituparetur, qui male cogitat: Dem wird es leid, der es übel deut. Ist alsbald her, fängt einen sonderbaren Orden an von 40 edlen Rit-

terleuten, die solche Bändlein als Ordens-Zeichen tragen mußten, wie denn noch viel große Potentaten solchen Ordens-Zeichen haben und tragen. Wahrlich, wenn wir der Sachen recht nachdenken, befinden wir, daß auch der Ehestand gar wohl ein Bindel-Orden könne genannt werden, darin sich das Band ehelicher Liebe findet, das Band der Vollkommenheit und des Friedens von dem König aller Könige, Gott dem Herrn eingeordnet dabei gesagt: Vituparetur, qui male cogitat: Verflucht sei, wer den Ehestand schilt, darin sein Lieb Gott abgebild.

Johann Christoph Gerstäcker

Historia von Eheleuten

Als das gemeine Volk einmal uneinig war, kam ein guter Gesell, der so dick als lang war, auf den Platz, und da er nun fortschritt, fingen sie alle an zu lachen; da sprach er: Lacht nur, und zwar so viel als ihr wollt; ich habe daheim ein Weib, die ist noch dicker als ich (drauf sie noch lauter lachten); jedoch, wenn wir eins sind, so haben wir beide Raum genug in einem Bett; wenn wir aber uneins sind, so ist uns das ganze Haus zu enge.

MARCELLIANUS DALHOFER

Wie ein geiziges Weib das Testament ihres Mannes auslegt

Ein Mann befahl seinem Haus-Kreuz, daß sie, nach seinem Hinscheiden, den Ochsen im Stall verkaufen und das erlöste Geld den Armen zukommen lassen sollte. In allweg, o mein herzliebster Hans! sprach sie weinend, und versprach seinen Appell zu befolgen.
Da er nun verschieden, führt sie den Ochsen zum Markt, und ihre Katz mit ihm. Aber es hieß: keines vom anderen! Wer den Ochsen haben will, der muß auch die Katz kaufen. Sie bot den Ochsen feil um einen Pfennig, die Katz um eine große Summe. Nachdem nun endlich in solchen lächerlichen Contract sich ein Käufer eingelassen, hat sie mit vor Geiz zitternden Händen und ungern den Pfennig Almosen gegeben, die übrige Summa in den Beutel für sich auf eine neue Hochzeit geschoben.

CHRISTOPH SELHAMER

Lächerliche Bosheit eines ehebrecherischen Weibs

In Preußen wurde eine schöne und junge Weibs-Person mit einem alten verlegnen Schaf- und Glatz-Kopf verheiratet. Die Tochter hatte zwar zu dem alten Schafböltz kein Lust, kein Magen, wollte aber doch ihre liebe Eltern nit betrüben, die mit aller Gewalt auf dieser so gar ungleichen Heirat Geld und Gut zu Lieb getragen, so sie bei dem Alten in kurzer Zeit zu erhaschen erhofft, weil er schon mit einem Fuß im Grab stand, und es so lang nit mehr dauern könnte.

Mit dieser plumpen Heirat haben die geldgierigen Eltern drei Haupt-Fehler begangen. Der erste Fehler bestand in dem, daß sie ihre Tochter wider ihren Willen und Meinung zu dieser ungereimten Heirat gedrungen. Mit unwilligen Hunden soll man nit Hasen hetzen, sagt das gemeine Sprichwort, es tut doch kein gut . . . Der andere Fehler war der, daß sie ihre schöne, ihre junge Tochter mit einem alten Gecken vermählen lassen . . . Wer glücklich heiraten will, muß sich nit ungleich verheiraten, gleich und gleich gesellt sich gern.

So wenig sich ein Roß und ein Esel, ein Ochs oder ein Hirsch an den Pflug spannen lassen, so wenig schicken sich zusammen eine junge frische Rauscherin und ein kohlschwarzer Mohr, ein unbarteter Frischling und ein altes zahnlückets Mütterl, ein kerniger Juno und eine 80jährige Muffler, ein adelicher Cavalier und eine schwarze verbrannte Staphila von Moß, ein stinkender Nacht-König und eine steinreiche Wirts-Tochter, ein angehender Ratsherr und ein grober Baurn-Trampl . . . Der dritte Fehler kam daher, daß diese Leute nur dem Geld nach heiraten wollten, nicht aber vorher erkundigt, was der Alte für Sitten an ihm habe, was er für ein Alter erreicht. Wer viel junge Zweige auf einen dürren Hollerstock pelzen will, der zieht nur das wilde Vieh aus dem Wald hervor, daß sie alle Pfelzer vernagen und verbeißen. Eben also gings fast dieser Camillen, so ein Alten nehmen müssen. Wie sich diese junge Schachtel in ihresgleichen verliebt, also haben sich auch viel junge Gaffer vergafft. Als oft ihr alter Tätl nit zu Haus war, hätte sie ein Heimgarten über den anderen, welches ja so still in die Länge nit kunt praktiziert werden, daß nit der Alte eine namhaften Luft davon bekam. Diesem Spiel recht auf das Gespür zu kommen, stellt er sich einst, als hätte er eine langwierige Reise zu verrichten, ritt eilfertig auf und davon, kam aber noch selben Tag unvermerkter Sache nach Haus, alles zu dem Ende, damit er die lästerliche Buhlschaft desto gewisser beisammen erwischen möcht. Der Anschlag ging ihm zwar wohl von statten, aber seine untreue Hausfetzl hat mit einem weit ärgeren Betrug all seine Anschläge zertrümmert. Der Buhler ob so schneller Ankunft des Alten ganz ertattert, weiß nit gleich, wo aus wo an; fliehen konnte er nit, wenn er nit dem Alten in die Händ laufen wollt, den er schon von weitem erblickt; weil er also voller Angst und Not hin und her zappelt, sah er in einem Zimmer einen offnen Kasten, schlich hurtig hinein und verbarg sich allda mit geschlossener Tür, vermeinte gleichwohl, die staubigen Augen-Gläser des Alten hätten diesen geschwinden Schluff nit erblikken können.

Aber der Alte ließ sich nit verblenden, war froh, daß sich der Vogel selbst im Käfig versperrt, ging eilfertig auf den Kasten los, versperrt solchen von außen noch mit einem künstlichen Mark-Schloß, willens, sich gleich darauf zu der Obrigkeit und seines Weibs Freundin zu verfügen. Die wollte er herbringen und ihnen mit Vorweisung des gefangenen Wildbrät seines Weibs Treulosigkeit für die Nasen zu rupfen; wie er denn gleich seinen

Ehrenmantel angenommen, seine Hörner, so ihm das schöne Weib aufgesetzt, mit dem Hut bedeckt, und den schnurgeraden Weg der Obrigkeit und ihren Freunden zugegangen. Wem war bei diesem Handel banger als dem Gefangenen im Kasten? Wer war über diese Wäsch mehr bestürzt als das ehebrecherische Weib? Sie dachte hin und her, wie sie doch ihren Ausbund aus dem Kasten, sich selbst vor großem Spott und Schand erretten möcht; zu dem End lief sie behend zu ihrer Nachbarin hin, deren Ehemann ein Schlosser war, klagt ihr die augenscheinliche Gefahr, und bat um Hilfe. Die Nachbarin machte nit viele Worte, versprach ihr schnelle Hilfe, nahm mit sich alle Dietrich Schlüssel und ging schnell ins Haus hinüber, sperrt den Kasten munter auf, erlöst den eingesperrten Buhler; drauf wurde von ihr der Bock geholt, der bei den Pferden im Stall gestanden, und statt des Buhlers im Kasten verschlossen. Unterdessen war der Buhler schon weiß Gott wo, die Schlosserin dreht sich schnell wieder um nach Haus, das Lumpen-Weib im Haus lacht ihr heimlich die Haut voll ein, war von Herzen froh, daß ihr der Boß so toll geraten und der Gefangene so hurtig erlöst.

Sie wartet ganz unerschrocken auf ihren Mann, auf die Gerichts-Leut und Freunde, welche denn bald hernach mit voller Macht und Herrlichkeit das Haus und die Kammer, wo der schöne Kasten stand, bezogen, worauf der alte Greis behend angefangen, sein Weib im Beisein aller anderen vorzufordern, und derselben ihre grobe begangene Untreu, wie sie den Buhler von ihr in Kasten hinein, als er selbst mit Augen gesehen, laufen lassen, in das Gesicht hinein vorzuwerfen. Das Weib leugnet alles mit beständigem Gemüt, bezeugt öffentlich, daß ihr vor Gott und vor der ganzen Welt großes Unrecht geschehe, was der alte Grillenreißer anziehe, sei eine pure lautere Einbildung, eine überscheinige Phantasei. Was, sprach der Alte, willst du alles dies, was ich mit Augen gesehen, alle Ungebühr, so ich schier mit Händen ergriffen, durch alle Bänk hinaus leugnen? Hochgeehrte Herren, großgünstige Freunde und liebe Nachbaren, es braucht diesfalls nit viel Zeit vergehen, dieser tolle Kasten wird uns den völligen Augenschein in die Hand geben, denn da liegt der schöne Schatz meines untreuen Weibs vergraben. Da liegt der ehrlose Mauskopf gefangen, mit dem diese leichtfertige Hur eine geraume Zeit her so genaue Kundschaft ehebrecherischer Weis gepflogen, den hab ich hie, weil er sich in höchster Eile selbst verschlossen, mit diesem tollen Mark-Schloß verriegelt. Das verschlagene Weib aber blieb immerdar auf der alten Rede, leugnet fort und die erlebte Unzucht, so nur von dem Alten erdicht, sich in Ewigkeit nit soll beweisen lassen. Also wurds ernst, der Alte griff in den Sack, hielt den Schlüssel in die Höh und sprach, nun, der Schlüssel wird meine lose Fetl aufs Maul schlagen und lügen strafen, der Schlüssel wird den rechten Schelmen entdecken. Wie dies der alte Hosenhäber proglerisch gered, wurde der Schlüssel eingesteckt, und der Kasten geöffnet. Sieh aber, den Augenblick sprang gegen den alten Gecken sein großbarteter Schwager, der stinkende Geißbock heraus mit höchstem Gelächter des Herrn Richters und aller anwesenden Bekannten. So wurde der alte Kläger von allen insgesamt dahin getrieben, daß er seinem übel verklagten Eheweib, das wahrhaftig Unrecht durch Christliche Abbitte knieend erbat, und öffentlich erklärte, daß er von seiner Frau nichts als Ehr, Lieb und Gutes wisse.

Seht, da mußte der gute Mann, so den Schelm mit Augen gesehen, mit eignen Händen versperrt, beide, den Buhler und sein Weib beisammen in der Kammer erwischt, dennoch öffentlich bekennen, er habe nichts gesehen, oder sei nur verblendet worden. Sein schlimmes Weib mußte er noch gut machen, sie der

Unzucht halber mit gebognen Knien um Verzeihung bitten und alle Schuld, so er auf andere gelegt, selbst büßen, und sich zu einen verlognen Mann machen lassen. Ist demnach dem guten Alten der lästerliche Weiber-Betrug und ärgerliche Boßheit teuer gnug bekommen, weil er noch drüber als ein Lügner obrigkeitlich grob gestraft und gestrigelt worden. Also gehen junge Menschen und verwegne Lumpen mit ihren alten Hausschrätzlein um. Gehen alte Witwer bald mehr hin und ziehen hundsjunge Schachteln in ihr Haus hinein, sie werden von ihnen bald den Rest bekommen. Hundertmal werden sie ihren alten Böltz-Jäcklen die Hörner aufsetzen, ehe sie es einmal merken werden.

Wenn gleich sein soll das Firmament
Ein ganz Papier und Pergament,
Wenn gleich all Wasser samt dem Meer,
Nix als ein schwarze Tinten währ,
Die Stern am Himmel allzumal,
Sein doch viel tausend an der Zahl,
Sich zu den schreiben richten solln,
Konnt man doch nit, sags unverhohln,
Die Boßheit beschreiben eines Weibs;
Der Teufel in der Höll beschreibs.

Paul Röber

Aus einer Predigt über die Geduld

. . . Nachdem Kaiser Mahomet sein Volk nach Eroberung der Stadt drei Tage und Nächt nach seiner Zusage hatte wüten lassen mit Morden, Rauben, Weiber und Jungfrauen schänden, zog er am vierten Tage selber hinein, besah die Stadt und hielt Pancket darinne, da ging erst das unmenschliche Wüten an.

Zum ersten wider den Gekreuzigten Christum, dessen Bildnis sie aus allen Tempeln nahmen, in Kot, Blut und Dreck warfen, ja in Gassen aufgerichtet mit Holze und Steinen zerwarfen, mit Kot verunreinigten und dabei greuliche Schmähworte wider ihn ausspeieten.

Zum andern, der erdrückte Kaiser ward vor Mahomet gebracht, dem ließ er also tot sein Haupt abschlagen, an einen Spieß stecken, durch alle Gassen zur Schau umher tragen.

Zum dritten, die Kaiserin mit ihren Töchtern und Frauenzimmern ließ er vor sich bringen, nackt ausziehn und schändete sie öffentlich, gab sie auch Preis zu schänden samt den ihri-

gen, wem es gelüstete und danach hieß er sie alle säbeln.
Zum vierten, alle Weibesbilder, auch die Älteste ließ er entblößen, schänden und unehren, und danach allererst jämmerlich säbeln. Denn da war kein Schonen noch Erbarmen . . .
Nun solche Schmach, Schande und Ungemach helfe uns Gott auch überwinden, und rechnets dem Weibes-Volk nicht für einen Ehebruch ihres teils, daß sie dadurch an der Seelen unrein, oder auch vor der Welt unehrlich würden . . .

Athanasius von Dillingen

Von einem vorwitzigen Weib, das eine verbotene Schüssel aufgedeckt

Man liest von einem Herzog in Sachsen, da an seinem Hof ein altes paar Ehevolk hatte, welches vor Müd- und Mattigkeit der groben Bauern-Arbeit nit mehr vorstehen konnte. Zu Hof hatte der Mann nichts zu tun, als das Holz, um die Zimmer einzuheizen, aufzumachen, das Weib aber solches zu den Öfen hinauf zu tragen, das wollt ihnen aber auch zu schwer fallen. Eines Tages sagt das Weib zum Mann: Was haben doch unsere ersten Eltern getan, daß sie allen Nachkömmlingen ein so böses Spiel gemacht, von der verbotnen Frucht gegessen, wegen eines Apfels, sich des so glückseligen Lebens im Paradeis beraubt, sie hätten sich ja mit den anderen überflüssigen Früchten sollen vergnügen lassen, so wären auch wir in einem bessern Stand, mit Mühe und Arbeit nit so sehr beladen, die Eva wegen ihres Geschlechts unserer Armut, Not und verdrießlichen Lebens ein Ursach, vorwitzige Eva!

Der Herzog hörte diese Klage in seinen Ohren, ruft über etliche Tage dies paar Ehe-

volk vor sich und sagt: Ich sehe, daß ihr nunmehr alt und der Arbeit nit mehr vorstehen könnt, also will ich gütig und gnädig sein, euch derselben entheben und jeden Tag ein Trunk Wein, Brot und sechs Speisen lassen auftragen, doch daß ihr euch mit den fünfen lasset genügen und die sechste weder anrührt, noch die Schüssel aufdeckt. Tut ihr das nit, so wirds heißen: vor die Tür! Ich werde euch von dem Wohlleben in das Elend verstoßen.
Er befahl einem Edelknaben, daß er neben den fünf Speisen alle Tage in einer zugedeckten Schüssel eine lebendige Maus solle auftragen, und allezeit nach dem Essen sehen, ob sie noch darinnen sei. Also fingen die zwei alten Leutlen ihr Wohleben an, das währte ein zeitlang, das Weib möchte gern wissen, was doch für ein Speis in der sechsten Schüssel wäre, spricht ihrem Mann zu: wir sind allein, niemand sieht uns, decke doch die Schüssel auf und laß sehen, was darinnen! Der Mann wollt anfänglich nit daran, wegen daß es ihnen bei der höchsten Ungnad verboten, aber das Weib lag ihm so lange in den Ohren, bis er sich bereden und betören ließ. Er deckt die Schüssel auf, ein lebendige Maus lief heraus, der Edelknab hinterbringts dem Herzog, der verweist ihnen die Vermessenheit, wie sie mit fünf Speisen gar wohl hätten können zufrieden

sein, wie sie eben als Adam und Eva gesündigt, und mit ihnen beißen sollen, wurden vom Hof in das armselige Leben verstoßen.

ANDREAS HONDORFF

Historia vom Gesellen und der Jungfrau

D. Martin Luther hat gesagt: Man könne eine Jungfrau nit leichtlich mit Gewalt schänden. Darum er zum Exempel gesagt: Wie das zu Bononien ein junges Weib einen Gesellen verklagt, als hätte er sie mit Gewalt genotzüchtigt, wiewohl der Gesell nein dazu sagte, daß ers mit keiner Gewalt getan. Als aber dem Weib nun mehr Glauben, denn ihm gegeben war, hat man ihn um ein großes Geld gestraft, daß er dem Weib für ihre Ehr geben sollt: Als er nun endlich solches gezählet und dem Weib vor Gericht zugestellt, hat der Richter ihm zugestanden, wenn er könnte, so sollte er dem Weib das Geld wieder nehmen: Hierzu die Herren zugesehen. Als es nun der Gesell dem Weib nicht nehmen konnte und die sich seiner hiermit so ernstlich aufhielte, hat endlich der Richter die Sentenz gegeben: Weil sie so männlich hätte können Geld beschützen und verteidigen, aber ihr Ehre so leichtlich hätte nehmen lassen, war es ein gewiß Zeichen, daß sie nicht mit Gewalt geschändet worden wäre. Hat also der Gesell sein Geld behalten.

NATHANAEL TILESIUS

Bias und seine Ratschläge über Frauen

Stobaeus schreibt, daß um solcher Sorge willen einer, der von Pittaco gefragt worden: Warum er nicht ein Weib nähme, zur Antwort gegeben: . . .»Wo ich eine schöne nähme, ist zu besorgen, ich nähme sie mir nicht alleine: Nähme ich aber eine gräuliche, so habe ich meine tägliche Unlust . . .«

Vom geistlichen Leben

CHRISTIAN WEIDLING

Historia von einem ungelehrten Meß-Pfaffen

Jener Meß-Pfaff, wenn er die Horas Canonicas halten sollte, rezitierte er nur die 24 Buchstaben her im Alphabet, und sagte, er verstünde die Horas nicht. Weil aber aus dem Alphabet alle Wörter könnten gemacht werden, so möchte ihm Gott der Herr das Gebet aus denselben zurichten, so gut ers haben wollte.

Petrus Hehel

Ein Meßner gibt vor, er könnt' das Wetter machen

Ein gewisser Schul-Meister und zugleich Meßner, anderswo nennt man dergleichen Leute Küster, konnte mit seinen jährlichen Einkommen nicht bestehen, Weib und Kinder, die er in der Anzahl hatte, zu erhalten, wollte also sein Stückel Brot vergrößern.
Er hielt demnach bei einer reichen Dorfschaft an um den Meßner-Dienst, zu welchem, damit er leichter kommen konnte, gab er der Gemeinde vor, daß er könne schönes oder trübes Wetter, Regen oder Sonnenschein machen, wie mans haben wollte. Die Bauern waren mit diesen Versprechen gar wohl zufrieden, schafften also mit aller Gewalt ihren alten Schulmeister ab, und trutzten den Pfarrer, daß ers müsse gelten lassen, nahmen aber dafür diesen Praetendenten an und auf.
Was geschieht? Als nun ein geraume Zeit vorbei, und dieser Kerl kein anderes Wetter machen konnte, als sich ohne dem begeben, stießen die Bauern die Köpfe zusammen, kommen mit Trischel und Knittel über den armen Mann angezogen und verwiesen ihm

mit allem Ernst, daß er sie betrogen hätte, sein Wort und Versprechen nicht hielte. Der gute Meßner sah sich in der Gefahr zu sein, daß er nicht von dem groben Gesind anstatt des Lohns Püff und Schläg davon trüge, gab also gute Worte aus und sagte zu den groben Bauern: meine liebe Herren, ich kann einmal nichts dafür, denn sich noch keiner aus euch bei mir angemeldet, was ihr für ein Wetter haben wollt, hab also auch bis dato nichts besonderes gemacht, sondern alles gehen lassen, wie es hat gehen wollen. Daher kommt jetzt unter einander übereins, und vergleicht euch insgemein, was ihr für ein Wetter haben wollt, so will ichs machen, wie ihrs insgesamt haben wollt. Die Bauern ließen sich mit diesen beschlagen, riefen die ganze Gemeinde zusammen, hielten Rat untereinander in Beisein des Schulmeisters, was er für ein Wetter machen sollte. Aber seht: Sie konnten in diesem Punkt untereinander nicht eins werden, denn einer wollte wegen Dürre seines Erdreichs naß haben und Regen, der andere aber, weil sein Acker in einem moosigen, feuchten Grund lag, schönes Wetter und Sonnenschein, dieser so, der andere anders, und es war unter diesem Gesindel der Disputat so heftig, daß sie einander selber in die Haar und Faust liefen. Der Meßner horchte dem Handel ganz merksam zu, bis er sich endet, und weil kein Teil dem andern weichen wollte unter den zankenden Parteien, sagte er gar gescheid: wohlan denn, meine Herren Bauern! Weil ihr euch selber nicht vergleichen könnt, so kann ich auch nicht einen jeden ein anderes und besonderes Wetter machen, habt also Geduld mit jenem Wetter, das Gott macht.

Ignatius Ertl

Wie ein Meßner am Ascher-Mittwoch die Leut eingeäschert

Höre auf die zwei traurigen Geschichten eine lächerliche Historie. Ein alter, zu Bett liegender, podagraischer Herr Pfarrer sprach seinen Meßner an, er solle für ihn an Ascher-Mittwoch die Leut einäschern, er darf solches schon tun, weil die Einäscherung nur eine bloße Zeremonie und kein Sakrament sei. Es schicke sich auch die Einäscherung schon für seine Person, weil er ohnehin, neben dem Meßner-Amt, die Stelle eines Toten-Gräbers vertrete. Der einfältige Meßner läßt sich überreden, fragt allein um die Weise und Form der Worte, die er bei der Einäscherung gebrauchen solle. Merke es wohl, sprach der Pfarrer, wenn du die Asche auf den Kopf streust, so sage diese Worte dabei: Gedenke Mensch, du seiest Staub, und wirst zu Staub werden, sage es nur also Teutsch; Lateinisch kannst du es doch nicht vorbringen, sonst möchten die Bauern meinen, du wolltest wetzen (angeben). Ist schon recht, antwortet der Meßner, will alles schon fleißig merken und verrichten. Er geht hierauf hin, spindisiret und phantasieret die ganze Nacht über diese Wort, am Ascher-Mittwoch, in der Frühe, läuft er abermals zum Pfarrer hin, und fragt ihn über die Form der Worte, worüber der gute Herr Pfarrer auch in seinem großen Podagrä-Schmerzen herzlich lachen mußte: Gehe hin, sprach er zum Meßner, es ist halt wahr, du bist ein Narr und bleibst ein Narr. Wohl, wohl, antwortet der Meßner, jetzt hab ich schon alles gefaßt, läuft mithin der Kirchen zu, nimmt seinen Chor-Rock und den Teller mit der schon geweihten Asche, geht herum und streut den da knieenden Bauern und Bäuerinnen die Asche mit diesen Worten auf den Kopf: Du bist ein Narr und bleibst ein Narr, und bist ein Närrin und bleibst ein Närrin. Die Bauern reißen über diese Worte die Augen angelweit auf, wissen nicht, was das bedeute, daß ihnen der Meßner samt der aufgestreuten Asche die Narren-Kappe wolle aufsetzen. Ist also aus dieser unförmlichen Einäscherung ein lächerlicher Faßnacht-Possen geworden.

Placidus Taller

Ein junger Einsiedler sieht ein Weib für eine Gans an

Engelgrav schreibt von einem jungen Einsiedler, welcher mit seinem Altvater in die nächste Stadt gegangen. Auf dem Weg erblickt er ein schönes Weibs-Bild. Weil er aber vorher sein Lebtag keines gesehen, ja gar nicht wußte, was ein Weib ist, fragt er den Alten, was dieses für ein Tier sei? Eine Gans ist es, folgt zur Antwort.

Als beide heimgekommen, fängt dieser junge Noviz an bitterlich zu weinen, und wollt doch mit der Ursache nicht hervor, bis er endlich mit allem Ernst gefragt wurde. Da sagte er mit den Poeten: Nescio, quid teneros oculos mihi fascinat ambos. Ich weiß nicht, was meine Augen also haben eingenommen: Gestern habe ich in der Stadt eine Gans gesehen, diese gefällt mir so wohl, und liegt mir jetzt stets im Sinn, daß ich heut wiederum eine sehen möchte: ach liebster Vater, eine Gans, eine Gans möcht ich haben. Er bekam aber hierauf einen guten Verweis und ernsthaftes Verbot, seine Augen besser inne zu halten und dergleichen Gänse nicht mehr anzusehen.

ZACHARIAS RIVANDER

Historie vom Abt Effrem und einem unzüchtigen Weib

. . . (so) steht auch in vitis patrum im andern Teil vom christlichen Abt Effrem, den niemand jemals zornig gesehen oder zu Zorn hat bewegen können. Diesem heiligen frommen Mann wurde ein solche List zugerichtet: Es kam ein unzüchtiges Weib, bat ihn, er wolle mit ihr zuschaffen haben; drauf sprach er: ja, komm wieder, wollen an ein Ort miteinander gehen, nimmt und führt sie auf den Markt, da das meiste Volk vorhanden war, und spricht zu ihr: Hier lege dich nieder, so will ich dir tun, was du von mir begehrt hast. Die Hur antwortet: das kann hier nicht sein, denn die Leute sehens, es würde uns ein großer Hohn und Spott sein. Schämst du dich, antwortet der fromme Abt, vor den Menschen, wie viel mehr sollst du dich vor Gott fürchten, der ins verborgen sieht und für den nichts heimlich bleiben kann. Also ist sie schamrot worden und hat hernach ihr Leben gebessert.

CONRAD PURSELT

Jungfrauen von Adel Eingang in ein Kloster

Wie freudig ist nicht der Mensch, wenn Gott ihm einen Kürbes gibt? Wenn er ihn erhebt zu großen Würden und Ehren? Wenn er ihn segnet mit Geld und Gut? Kommt aber der Wurm der falschen Ankläger, frißt der Wurm des Unglücks die Reichtümer auf, da wird er verbittert über Gott, und will lieber tot und beim Teufel, als lebendig in solchem Unglück länger bei Gott sein . . .
Solche Leute kommen mir vor wie jene adelige Jungfrau, welche bei ihren Eltern inständig angehalten um Erlaubnis ins Kloster zu gehen, und geistlich zu werden. Sie erhielt es nach vielen Bitten und Betteln. Sie fuhr mit Kutschen und Pferden, in Begleitung der Eltern und Freunden, in das Kloster. Nachdem nun die Eltern mit den Freunden sich von ihr beurlaubt, und wiederum zurück kehren wollen, hat sie sich gegen alle höchlichst bedankt, und einem jeden ein Denkzeichen mitgeben, auch endlich von dem Knecht begehrt zu wissen, weil er sie so glücklich geführt ins Kloster, was sie ihm doch zu guter letzt verehren sollte und

könnte? Darauf hat der Knecht geantwortet: Gnädiges Fräulein! Ich heiß Peter, Peter heiß ich. Das weiß ich wohl, Peter, allein begehr etwas von mir, das ich dir schenken soll. Gnädiges Fräulein, ich heiß Peter, ich heiß Peter. Das ist nichts neues, sondern ein altes, antwortet das Fräulein, aber sag an, Peter, warum willst du nichts von mir begehren? Gnädiges Fräulein, hört ihrs denn nicht, ich heiß Peter, ich heiß Peter, und begehre nichts anderes, als daß ihr nur meinen Namen nicht vergeßt, denn ich fürcht, es mögt einmal die Zeit kommen, daß ihr werdet sagen, nicht der Peter, sondern der Teufel hat mich ins Kloster geführt, darum bitte ich, ihr wollet mir nur meinen Namen nicht verändern, ich heiß einmal Peter und nicht Teufel.

ADAM BERND

Aus der Predigt zum Fest der Beschneidung Christi

. . . Und was die Zeiten der Jugend anbetrifft, von welchen viele Leut die Einbildung haben, als ob dieselbe besser gewesen sei, so mag die Ursache solchen Wahns auch wohl von den Sünden herrühren, in welchen sie zur Zeit der Jugend ihre größte Ergötzlichkeit gesucht, und welche hernachmals durch das Alter vermindert wird. In der Jugend hat die Fleisches-Lust den größten Anteil an ihrer Zeit gehabt, welche sie mit üppigen Freuden zugebracht; und nun im Alter haben viel solcher Lustbarkeiten ihren ersten Geschmack, wo nicht ganz, doch guten Teils verloren. Ihre sinnlichen Organa und Werkzeuge sind nicht mehr so subtil, und zart, wie in der Blüte ihrer Jahre; sie haben in der Jugend gefressen, und gesoffen, und brächten gerne itzo noch ganze Nächte, und Tage mit Fressen, und Sauffen zu; aber ihr Kopf will solches nicht mehr ausstehen. In der Jugend haben sie wohl gehuret, und schändliche Unzucht getrieben; und nun will der ausgemergelte Leib solches ihnen nicht mehr zulassen; ob gleich die Seele noch an dieser viehischen Lust mit abgöttischer Liebe hängt. Sie haben in der Jugend geschwärmt, gesprungen, getanzt; und sie täten es gerne noch, aber die Beine wollen nicht mehr fort; darum die alten Narren öfters mit den Achseln nur noch zupfen müssen, so oft sie dergleichen Lust im Alter auch noch gerne mitnehmen möchten. Das schmerzt sie nun, daß sie nicht mehr ihres Abgotts der Welt, so, wie zuvor, sollen genießen, und froh werden: und das macht, daß sie hernach jene Zeiten gut, und die gegenwärtigen böse heißen wollen. Sie haben aber daran unrecht. Wollten sie ein vernünftiges Urteil fällen, so sollten sie eher ihre gegenwärtige Zeit auf gewisse Weise besser, und die Jahre der Jugend böse nennen, welche sie in Sünden und Üppigkeit zugebracht haben . . .

Gregor Strigenitz

Scherzrede von Verordnung der Personen, so zum Regiment gehören

Es sagen etliche scherzweise, daß unser Herr Gott auf seine Zeit Eva habe besuchen wollen und sehen, wie sie Haus hielte. Nun habe Eva eben dazumal ihre Kinder alle beieinander gehabt, sie gewaschen und geschmückt und weil sie nicht mit allen fertig, habe sie etliche ins Stroh, etliche ins Heu, etliche ins Ofenloch versteckt und die allerhübschesten bei sich behalten. Da hab unser Herr Gott die geputzten Kinder angesehen und gesprochen zu einem: Du sollst ein König sein und zum andern: Du sollst ein Fürst sein. Zum dritten: Du sollst ein Edelmann sein. Zum vierten: Du sollst ein Bürgermeister sein. Zum fünften: Du sollst ein Schultheiß, Voigt oder Amtmann sein. Und habe also nach der Ordnung die Ehren, Stände und Ämter unter sie ausgeteilet. Da nun Eva dies gesehen, daß ihre Kinder so reichlich begabt worden, habe sie dem Herrn von den andern Kindern auch gesagt und sie hinzu gebracht. Sie sind ungeputzt, schwarz und ungestalt gewesen und haben ihnen die Haar voller Stroh und Heu gehangen. Da hab sie unser Herr Gott angesehen und zu ihnen gesagt: Ihr sollt Bauern bleiben, Kühe- und Sauhirten und Ackerleute. Etliche von euch sollen in Städten Handwerke treiben, bräuen, backen, und den Ersten als Herren dienen und untertan sein.

CHRISTIAN WEIDLING

Historia von einem, der der Lutherischen Lehre spinnefeind war

Es war ein Bürger in einer Stadt der reinen Lutherischen Religion spinnefeind. Als er einstmals sah, daß etliche aufs nächste Dorf zur Predigt gingen, verhöhnt er sie und sprach: ihr seid nicht Evangelisch, sondern teuflisch. Was geschieht hernach? Plötzlich fühlt er bei sich eine göttliche Bewegung, läßt sich neben andern in einem Schifflein über das Wasser setzen, hört eine einzige Predigt und wird dadurch bekehrt und dermaßen gestärkt, daß er bis an seinen letzten Seufzer ein standhaftiger Bekenner der Evangelischen Wahrheit geblieben ist.

CLEMENS VON BURGHAUSEN

Man soll den BettelLeuten nichts übelwünschen

Erfahren hats jene Holländische Gräfin, zu welcher ein armes Bettel-Weib mit zwei Kindern auf beiden Armen kam und demütig um ein Almosen bat. Die Gräfin verargwohnte die arme Tröpfin, als hätte sie eins aus beiden außer der Ehe erzeigt, worüber dann das Bettel-Weib vor Ungeduld in folgende Worte herausgebrochen: Ei so wollt ich, daß die Gräfin auf einmal so viel Kinder gebährte als viel Tage im Jahr sind. O Wunder! die Gräfin kam zur Niederkunft und gebahr auf einmal 364 Kinder, welche alle in ein großes Bett gelegt und weil sie alle lebten, getaufft worden, welches geschehen Anno 1276.

Leo Wolff

Christ-Kindlein wird zur H. Weihnacht-Zeit im Schnee gefunden

Thomas Cantipratanus schreibt, daß einst ein frommer Religios und Priester des Ordens H. Bernardi gewisser Geschäfte halber auf einen Mair-Hof geritten sei zu eben solcher Zeit, da die geistlichen und weltlichen Menschen sich pflegten zu bereiten auf die heilige Weihnacht-Zeit um solche mit möglichster Andacht zu begehen. Nun war damals eine grimmige Kälte und ein gar so tiefer Schnee. Als nun dieser Geistliche seines Wegs also fort reitet, sieht er an dem Weg sitzen ein gar hold-seliges Knäblein, aber vor Frost und Kälte schier erstarrt, und am ganzen Leib zitternd, welches von allen Menschen verlassen war, und deshalb bitterlich weinte.

Der fromme Geistliche aus herzlichem Mitleiden bewegt, steigt alsobald von dem Pferd, hebt das Knäblein aus dem Schnee auf, nimmt es unter seinen Mantel, solches zu erwärmen. Mein liebes Kind, wie bist du hierhergekommen? Wo ist dein Vater oder Mutter? Warum hat man dich also verlassen? Das Knäblein mit starken Weinen gibt Antwort: Ach wehe, ach

wehe, wie bin ich verlassen, da muß ich allein sitzen in der Kälte, und muß Hunger leiden, niemand will mich aufnehmen und ernähren.
Schweig, schweig, mein liebes Kind, ich will dich annehmen. Ich will dein Vater und Mutter sein, ich will dir schon zu essen geben. Er wollte also mitsamt dem Knäblein zu Pferd steigen, das Kind aber entwischt aus seinen Armen, und in einem Augenblick verschwindet es aus seinen Augen. Da erkennt erst der gottselige Mann, wer dieses Knäblein müsse gewesen sein, nämlich Jesus, der Sohn der unbefleckten Jungfrau Maria, der Heiland der Welt. Es erkennt auch dieser fromme Christliche, was der Sohn Gottes und Maria mit dieser Erscheinung und seinen Klagen hat wollen zu verstehen geben: Daß er nämlich zu dieser verderbten Welt-Zeit von den undankbaren Welt-Menschen eben so übel traktirt werde, gleichwie damals . . . von den groben Bethlemitern ist verstoßen worden in einen offnen und kalten Vieh-Stall . . .

HERMANN SAMSONIUS

Jurist will auch im Sterben nicht an Gott glauben

Es ist vor etlichen Jahren zu Halle in Sachsen ein gelehrter Jurist, aber ein recht epicuräischer Weltmann gewesen, der mehr in seinem Leben vom Fressen und Saufen als von Gottes Wort und von den heiligen Sakramenten gehalten. Dieser will eine Zeit wegfahren, läßt auch anspannen, der Knecht wartet mit den Pferden und Wagen vor des Epicuräers Haustür auf, der Säufer aber sitzt in seiner schönen Stube und letzet sich mit seinen Weinbrüdern und guten Gesellen. Wie er nun auf die Haustür zugeht, da sinkt er bei der Tür nieder, daß man ihn halb tot zurück tragen und der Knecht wieder ausspannen und der Herr also daheim bleiben muß. Was geschieht? Man schickt nach dem Pfarrherrn, daß er ihn trösten sollte: Der Pfarrherr wußte wohl, daß dieser Mann ein Verächter göttlichen Wortes und der heiligen Sakramente gewesen war, derhalben predigt er ihm erstlich das Gesetz, sagt ihm vom Teufel, vom Zorn Gottes, vom ewigen Tode, vom jüngsten Tage und vom ewigen höllischen Feuer. Der epicuräische Mensch liegt im Bette, sperrt seines Kalbes Augen auf und spricht: Creditis vos ista? Lieber seid ihr dennoch so närrisch, daß ihr solche Dinge alles glaubt? Ich glaube es nicht, sondern ich halte es nur für lauter Fabelwerk, es wird nichts draus werden. Darum schweigt nur still und sagt mir von solchen Sachen nicht.

So ist er also auch zum Teufel hingefahren. Sehet, das ist im Lauf des Lebens der erste Unterschied zwischen Gottes Kindern und den Weltkindern!

Casparus Titius

Biblische Bitte eines einfältigen Laien

Einmal wird ein einfältiger Bauersmann, welcher gar berufen, daß er in der Bibel wohl belesen, von seinem Landesfürsten gefragt: Wieviel nun wohl Gott der Herr zu einem Rock bedürfte, weil beim Propheten geschrieben steht, daß er Himmel und Erden erfülle? Hat er drauf zur Antwort gegeben, er könne über vier oder fünf Ellen nicht wohl bedürfen, weil Christus sagt, was ihr diesen meinen geringsten einem getan, das habt ihr mir getan. Weil nun derselbige Bauersmann damals gar übel bekleidet gewesen, hat er solches bald auf sich fein wissen zu ziehen und gesagt: daß er auch einer der geringsten sei, die an den Herrn Christus glauben: Sein gnädiger Herr wolle doch einen Gotteslohn verdienen und ihm ein Kleid mitteilen, dazu er nur vier Ellen Tuch bedürfte. Darauf der Fürst befohlen, daß hinfort diesem einfältigen Manne alle Jahr ein Kleid aus seiner Kammer solle verschaffet werden, weil er so artig aus der H. Schrift zu bitten wisse.

CHRISTIAN WEIDLING

Gebet eines Bäuerlein

Als D. Luther selig in der Visitation ein sächsisch Bäuerlein den Glauben beten lassen und das Bäuerlein gesagt: Ich glaube an Gott Vater, Allmächtigen etc. er ihn gefragt: Was heißt Allmächtigen? da hab der Bauer geantwortet, dat weet ik nich. Da hat D. Luther drauf gesagt: Dat weet ik ok nich.

Aus dem einfachen Leben

Albertus Steffan

Ein hoffärtiger Monsieur wird von einem Bauern zuschanden gemacht

Hier fällt mir ein, was ich einst gelesen von einem hochmütigen Monsieur, wie er von einem Bauern zuschanden gemacht worden. Dieser Bauer trug eine ziemliche Bürde Holz auf dem Rücken in eine Stadt, selbiges alldort zu verkaufen; damit er aber desto sicherer möchte durchkommen und niemand anstoßen, rief er immerzu: auf die Seite, auf die Seite! Ein junger allemodi-Hans, der etwa ein Viertel-Jahr die Jura gehört, prangte auf der Gasse daher, wie ein Vize-König in Spanien, meinte gegen seinen Respekt zu sein, diesem Bauern auszuweichen. Indessen geht der Bauer seines Wegs, und stößt diesen stolzen Pracht-Hansen über einen Haufen, daß ihm die Baruquen vom Kopf gefallen und er deswegen von jedermann ausgelacht worden. Dieser voller Zorn, daß ihm dieser Affront geschehen, läuft unverzüglich hin, verklagt mit ganz hitzigen Worten den Bauern und verlangt Satisfaction. Der Bauer wird zitiert, sich zu verantworten. Er stand aber vor Gericht, redet kein einziges Wort, sondern stellt sich, als wäre er stumm, und wenn sie ihn etwas fragten, deutet er bald hinauf, bald hinunter, bald rechts, bald links, daß die Obrigkeit dem Kläger sagte, man könne diesfalls kein Satisfaction geben, sondern sei vielmehr ein Erbarmen mit dem armen Bauern zu haben, weil er stumm sei und sich nit könne verantworten. Was? sagt der stolze Feder-Hans, der Bauer soll stumm sein? Ein Schelm ist er. Hast du nit (sagt er zum Bauern) auf der Gasse immerzu gerufen: Auf die Seite, auf die Seite? Ha, ha! sagt der Richter, ist er nit auf die Seiten gangen, so muß er sich selbst die Schuld geben, worauf er nit ohne seine eigene Schand und großem Gelächter der Anwesenden mußte davongehen.

Ein erschröckliches Exempel vom Teufel, dem ein Zechbruder seine Seele verkaufte

Drei Zechbrüder saßen in einem Wirtshaus und tranken miteinander. Als sie nun wohl getrunken und ziemlich voll bezecht waren, fingen sie an zu kurzweilen und allerhand Reden auf die Bahn für zu bringen: Unter anderen gerieten sie auch in das Gespräch von einer zukünftigen Welt, wie es nämlich dorten wird zugehen, von der Unsterblichkeit der menschlichen Seelen, von der ewigen höllischen Pein und dergleichen. Einer von diesen dreien war ein kecker frecher und gewissenloser Gesell, der hielt solches alles für Narretei und Fabelwerk. Er sagt, es wäre nur ein Pfaffengedicht, was man vom zukünftigen Leben spargire oder ausgäbe. Der Teufel sei bei weitem nit so erschröcklich schwarz wie man ihnen abmale, die Höll sei nit so heiß wie man ihr vorgebe, er zweifle sehr dran, ob er auch ein unsterbliche Seel im Leib habe. Alles dieses sei nun ein pur lauter Pfaffentraum.

Seht, was nit ein gottloser Gesell mit der Zungen wagen darf, sonderlich wenn er voll gesoffen und ziemlich bezecht ist. Indem er also redet zu seinen Zechbrüdern, welche ihm nit viel Unrecht gaben, sondern zu solchen gottlästerlichen Reden lachten und miteinander kurtzweilten, da kommt unversehens ein langer und dem Ansehen nach starker Mann zu ihnen hinein. Er fragt, ob sie fröhlich und guter Dinge wären und was sie gut lachten. Wir reden da, sagt der vorgedachte Gesell, von dem alten Pfaffentraum, den sie gehabt von der Höllen, vom Teufel, von der Seele, ja spricht noch dazu lachend, wenn einer sein Seel kaufen wollt, er wollt einem gar um ein schlechtes zu kaufen geben, ja er wollt das Geld, so er daraus lösen würd, gleich zum besten hergeben. Guter Gesell, spricht der fremde Gast, der nämlich der böse Geist war, wie hoch bietest du denn die Seel, willst du sie verkaufen, ich kauf dirs ab. Wohlan, der Gesell ist zufrieden, sie handeln miteinander, kommen überein mit dem Wert. Der Käufer zahlt ihm das Geld dahin, sie trinken Wein, sie loben den Verkäufer der Seelen, daß er so wacker spendiere, so freigebig sei, summa sie sind allerdings lustig und fröhlich. Zuletzt, da es nun spät in die Nacht hinein ging, sprach der Käufer, das ist der böse Feind in solcher Gestalt: Liebe Gesellen, der Wein will uns nimmer schmecken, er macht uns trunken und schläfrig, wir wollen ein Ende machen, es ist

Zeit, daß einer nach Hause gehe und sich zur Ruhe begebe. Nun aber, liebe Zechbrüder, sprach er weiter, jetzt frag ich euch, ich nehme euch selbst zum Richter, sprecht ihr mit das Urteil: Ist es nit billig, wenn einer ein Pferd kauft, so kauft er den Zaum auch darzu, daß ers daran führen und wegleiten könne. Sobald er diese Wort ausgeredt, da nimmt er den Gesellen, der sein Seele verkauft, beim Hals und führt ihn urplötzlich vom Angesicht der anderen Zechbrüder mit Leib und Seel in den Abgrund der Hölle.

Andreas Strobl

Ein Diener legt seinem Herrn ein Langes und Breites vor

Ein Edelmann ritt mit seinem Diener über Land. Da sie nun hinaus kommen auf die Landstraße, da sprang aus einem Gebüsch hervor ein schöner großer Fuchs, und läuft in den Wald hinein. Der Herr sprach zum Diener: Ist nit das ein schöner galanter Fuchs! Was wollts um diesen Fuchs sein, antwortet der Diener mit stolzen Gebärden, in meinem Vaterland gibt es wohl größere Füchse. Wo bist du denn zu Haus? In Dänemark. Da hab ich so große Füchse gesehen, als da sein möcht ein gemäster Ochs. Der Edelmann pfeift einen lauten Pfiff, das heißt aufgeschnitten, sagt er lachend, das ist wohl über die Schnur gehauen. Nun, Euer Gnaden, mögens glauben oder nit, ist halt dennoch wahr. Der Herr läßts dabei bewenden und reitet fort.

Über eine gute Weile zieht er seinen Hut ab, nimmt ihn unter den linken Arm, zieht seinen Rosenkranz heraus und betet gar andächtig und beständig fort. Der Diener wundert sich der großen ungewöhnlichen Andacht seines Herren, konnt sich nit enthalten und fragt ihn:

Eur Gnaden wollen mirs gnädig vergeben, daß ich frag, es gehet mich zwar nichts an, aber ich möcht wohl wissen, was es bedeute, oder warum Eur Gnaden so eifrig betet? So lang ich bei Eur Gnaden gedient habe, hab ich Sie niemals so eifrig beten sehen.

Ja, mein Kerl, sagt der Edelmann, willst wissen was? Die Gefahr und die Furcht lehrt einen schon beten. Wie da? Wir werden heute zu einem gewissen Bach kommen, da müssen wir hinüber setzen, nit ohne Lebensgefahr, denn er hat diese Eigenschaft an sich, daß er diejenigen, welche mit Lügen und Unwahrheit umgehen, gemeiniglich stürzet, tränket und versenket. Denn obwohl ich mich in meinem Gewissen keiner Unwahrheit schuldig weiß, so kann ich halt dennoch nicht ohne Furcht sein.

Was geschieht? Bald darauf kamen sie zu einem Fluß, da schauderte dem Diener schon das Herz. Er fragt den Herrn, ist dies der gefährliche Bach? Da schau du zu, sagt der Herr, laß mich jetzt beten, ich schau auf mein Schanz. Mein Herr, replicirt der Laggey, daß ich recht sage, die Füchse in meinem Vaterland sind nit so groß, wie ich gesagt hab, sondern in der Größe eines gewachsenen Kalbs. Ist gut. Der Edelmann reitet das Wasser an und kommt mit samt dem Diener glücklich

hindurch. Sei Gott Lob, spricht der Diener, daß wir nun da herüber kommen sind. Ja Kerl, widersetzt der Herr, wir haben noch den rechten Bach nit vor unser, es wird noch wohl anders hergehen.

Bald hernach kamen sie zu einem anderen Fluß. Da fiel dem Laggey wieder das Herz hinab, kratzt sich im Haar. Herr, sagt er, ist das der gefährliche Bach? Du wirst es schon erfahren, antwort der Edelmann, bist du unschuldig, so darfst du dich nicht fürchten, schau gleichwohl, was du tust. Der Diener fürchtet seiner Haut. Gnädiger Herr, spricht er, ich hab mich geirrt, die Füchs in meinem Vaterland sind auch so groß nit als ein Kalb, aber wohl wie ein Schaf. Das wär ein anders, mein Pirschl, sagt der Edelmann und reitet über den Bach. Der Diener desgleichen, ohne einzigen Anstoß oder Gefahr.
Indem sie also fortreiten, kommen sie zum dritten und größten Wasser. Da steht aber der Edelmann gar ab vom Pferd, kniet nieder und betet ganz andächtig, ein Seufzer über den andern. Der Diener bildet ihm ein, dies muß derjenige Bach sein, von dem mir mein Herr so oft gesagt hat. Weil er ihm also fürchtet, so muß ich auch wohl in mich selbst gehen, daß kein einzige Unwahrheit in mir zu finden sei. Er bittet derowegen seinen Herrn um Vergebung, daß er ihm in dem Gebet einrede. Ich kanns nit umgehen, spricht er, wenn ich die Sach recht bei Licht beschau und überlege, so muß ich bekennen, daß die Füchs in meinem Vaterland auch nicht größer sind, als alle die

bei Euch. Ist gut, spricht der Herr, weil du dennoch dein Lüg bekennst, wisse derowegen, dieser Bach, dies Wasser, ist halt auch wie ein anderes Wasser, und wird dir hoffentlich kein Schaden bringen. Aber du sei ein andersmal behutsamer ums reden, wirf das Beil nit zu weit, sonst will ich dir Bastoni über den Buckel geben.

Leonhard Leo

Der Teufel warnt einen Bauernschinder

Der Münsterer Prediger Leonhard Leo erzählt von einem Bauernschinder, welcher mit Gewalt unter großer Geldstrafe ein armes Bäuerlein angehalten, er solle ihm alsobald aus dem Wald sein Holz hereinführen und zwar eben bei solchem Regentag, daß es unmöglich wäre, den Untertanen mit leerem Wagen hinaus, geschweige erst mit geladenem Gespann herein zu fahren. Der Bauer bittet um Aufschub, aber umsonst, denn dieser unersättliche Tyrann forderte entweder sein Frohndienst oder das Strafgeld. Der Bauer spannt an und fährt in den Wald. Als er aber den so großen Haufen, den er mit seinen dürren Kracken und ausgemergelten Rößlein sollte aufbürden, ansah, hub er bitterlich an zu weinen. Indem er aber Gott sein Not klaget, siehe so kommt ungefähr der Teufel. Holla, ich hab mich verred, sieh da, kommt daher aus göttlicher Anordnung ein Fuhrmann, hatte bei sich einen leeren, mit drei kohlschwarzen Rossen bespannten Wagen. Dieser erbarmt sich des armen Bauern, nimmt ihm die größte

Last ab und sie fuhren beide mit dem Holz dem Schloß dieser strengen Herrschaft zu. So spricht dieser gestrenge Herr, muß man die Bauern zwicken, denn der Bauer und Untertan solle entweder arbeiten oder hängen, wollte zugleich auch wissen, woher dieser Fuhrmann komme? Dieser aber hat ihm eine solche Antwort erteilt, daß er lieber einen Donnerstreich gehört hätte. Ich, sagt dieser fremde Bauer, bin der Teufel. Diese drei schwarzen Pferde sind deine Voreltern, der unter dem Sattel ist dein Vater, der an der Hand ist dein Großvater, der unter dem Seil ist dein Urahn, Herr, welche auf eben solche Weise die armen Untertanen geschunden, derowegen sind sie aus gerechtem Urteil Gottes verdammt worden. Und wenn du auch mit ihnen also verfahren willst, so spanne ich dich unfehlbar zukünftig auch an meinen Wagen. Und als er das sagte, so ging Bauer, Pferd, Wagen und Holz nicht ohne große Furcht und Schrecken des Tyrannen in Feuer und Rauch auf. Auf solche Weise wußte dieser auch, wer er war, nämlich ein Höllenhund.

PLACIDUS TALLER

Ein Advocat nimmt Schmiralien an

Ich lese von einem Bauern, dem geraten wurde, daß, wenn er wollte seinen Handel gewinnen, solle er nur dem Doctor die Hände schmieren. Diesem Rat zufolge, nimmt der Einfältige einen Krug voll Oel, geht damit in des Doctors Haus, und gießt ihm selbiges über die Hände ab. Als dieses die Frau sah, und des Bauern Absicht wohl merkte, lächelte sie und sprach: Er habe zwar sehr weißlich getan, daß er ihrem Herrn die Hände geschmiert, allein es wäre gut, daß er auch ein Stück Leinwand brächte, um damit die schmutzigen Hände abtrocknen zu können, so er auch fleißig getan.

Placidus Taller

Schertz- und Schwank-Lügen

Ein Lügner ist gewesen jener, welcher sich gerühmt, wie er einstmals neben einen Fluß geritten, und als er ein großes Fisch-Garn mit Fischen angefüllt gesehen, habe er eine solche Lust zu den Fischen bekommen, daß er mit dem Pferd in das Wasser gesprengt, etliche Fische zu fangen, sei aber durch Unglück von einem großen Fisch samt dem Pferd und Sattel verschluckt worden. Lange Zeit hernach haben etliche Fischer diesen Fisch gefangen, und wie sie denselben aufgemacht, exenteriret, und den Kopf gespalten, da sei er in dieses Fisches Kopf noch zu Pferd gesessen, und habe dem Pferd die Sporen gegeben, daß er spornstreich herausgesprengt und den geraden Weg frisch und gesund nach Haus geritten. Dieser Fisch muß ja freilich größer gewesen sein, als des Jonä, weil er einen so ungeheuren Stock-Fisch verschlucken konnte. Sei ihm aber, wie ihm wolle, so ist es doch wahr, daß dieser lauter faule Fische in ihm gehabt.

Ein anderer hat für eine gewisse Wahrheit

ausgeben, daß er einstmals in Westphalen die Nacht-Herberg in einem Wirtshaus genommen, worinnen auch 2 Metzger waren, welche in dem Bett liegend in dem Schlaf also geschnarcht, daß einer mit dem Schnarchen die Kammer-Tür aufgezogen, und der andere wiederum zu; daß also die Tür die ganze Nacht auf- und zugangen.

Ein anderer hat ausgeben, wie daß er auf dem Meer einen Schiffbruch erlitten, wo alles zu Grund gangen, außer er, des Schwimmens wohl erfahren, sei 5 Wellische Meil wegs unter dem Wasser geschwummen, auch inzwischen 3 Pfeiff Toback getrunken, so behutsam, daß ihm der brennende Lunden unter dem Wasser nicht ausgelöscht.

Abermals ein anderer hat aufgeschnitten, wie er im hohen Sommer über das große Gebirge Bononiase gereist, habe daselbst einen Fehltritt getan, daß er eine gute deutsche Meile wegs hinunter gefallen, unter währendem Fall sich 2413 mal umgekehrt (denn er habs fleißig gezählt) und doch nicht ein einziges Venetianisches Glas, deren er 36 in den Ranzen hatte, gebrochen.

Diesem hat im Lügen nichts wollen nachgeben derjenige, welcher erzählt: Es habe ihm einstmals im Böhmischen Wald ein Wildschwein solchermaßen nachgestellt, daß er endlich gezwungen worden, hinter einen Baum zu fliehen, das Wild aber sei so stark den Baum angelaufen, daß es mit den Zähnen oder auf Weidmännisch zu reden, mit den Waffen, durch und durch gedrungen, und weil er eben einen Neiger oder Bohrer bei sich gehabt, hab er geschwind mit diesem durch die Zähne gebohrt, ein Loch gemacht, einen starken Nagel darein geschlagen, und also das Schwein angeheftet, daß es sich hab müssen gefangen geben.

Schier noch besser aufgeschnitten haben jene zwei, deren einer erzählt: Er hab in Indien eine Kraut-Stauden gesehen, welche so groß war, daß 300 Mann darunter stehen können. Ich aber, sagt der andere, hab in Britanien gesehen, wie ein kupferner Kessel gemacht wurde, woran 200 Gesellen gearbeitet haben, die so weit voneinander gewesen, daß keiner den anderen klopfen gehört. Als sich der erstere über die Größe dieses Kessels verwunderte und fragte: zu wem er doch müsse angesehen sein? sagt dieser: die Kraut-Stauden, so du gesehen hast, darinnen zu kochen.

So sind auch ihrer drei gewesen, die um die Wette gestritten, welcher in der Geschwindigkeit den andern übertreffe? der erste sagte: Ich bin so geschwind, daß ich einem Hasen im völligen Lauf alle Haar könne abschneiden, und scheeren wie ein Schaf. Der andere rühmte sich: Daß er schon vielmals einem Pferd unter währendem Galoppe ein Hufeisen aufgeschlagen. Der dritte war ein Fechter, erzählt: Wie er einstmals zur Winter-Zeit unter währendem Schneien, da häufiger Schnee gefallen, unter freiem Himmel mit einem gefochten, also schnell und behend das Gewehr hin und wieder geschwungen, daß nicht ein einziger Schnee-Flocken auf ihm gefallen. Welcher unter diesen dreien der geschwindeste, weiß ich nicht, dieses weiß ich wohl, daß alle drei ausgemachte Lügner gewesen. Dergleichen Scherz- und Schwank-Lügen hört man aller Orten . . .

IGNATIUS ERTL

Aesopus weiß nicht, wohin er gehe

Das Abenteuer der allerschönsten Weisheit, der sinn- und lehrreiche Fabulant Aesopus, wurde eines Tags, wie Maximus Planudes in seinem Leben schreibt, von seinem Kauf-Herrn Xantho in gewissen Haus-Geschäften ausgeschickt. Unterwegs begegnete ihm der Stadt-Richter, und fragt gleich stolz-mütig, wohin er gehe. Aesopus stutzt nicht lange über diese Frage und gibt eine kurze Antwort: Nescio quo vadam, ich weiß selbst nicht, wohin ich gehe. Der Richter vermeint, Aesopus wollte mit ihm spotten, fragt wiederholt, wo gehst du hin, Aesope? Dieser gibt ihm abermals fein keck Antwort: Nescio quo vadam, ich habe es schon gesagt, ich weiß nicht, wohin ich gehe. Hierauf erzürnt sich der Richter, und befiehlt also gleich diesen, seinem Gutdünken nach, albernen Menschen in das Gefängnis zu führen. Aesopus ganz unerschrocken, wendet sich um und wirft dem Richter noch einmal diese Wort in Bart: Hier siehst du, o Richter, wie wahr ich geredt habe, denn ich wußte nicht, daß ich dir auf dem Weg begegnen und aus deinem Befehl in die Gefängnis abgeführt werden solle: Vado igitur quo, nescivi. So gehe ich denn hin, wohin ich zu gehen weder gewußt, noch gedacht habe.

GREGOR STRIGENITZ

Historia von dem Philosophen Diogenes

... Dies haben auch die Heiden erkannt, daher lesen wir von Diogenes, dem Philosoph, daß er auf eine Zeit vor einem Beinhaus gestanden, da viel Totenbeine lagen, und habe dieselbigen hin und her gewand. Als er aber gefragt worden von Alexandro Magno, was er da mache, hat er zur Antwort gegeben: Ich kann nicht finden, was ich haben will. Ich dacht, ich wollte einen Unterschied sehen und finden zwischen den Beinen der Reichen und Armen, der Edlen und Unedlen, und finde es doch nicht. Sie haben alle einerlei Gestalt und der Tod hat sie alle einander gleich gemacht.

Abraham a Sancta Clara

Von der Sprache

Es ist ein Wörtel mit 4 Buchstaben, rat, was es tut in sich haben? Dasselbe hat dem allerweisesten Salomon den Verstand verrückt; dasselbe hat die zwei alte Lümmel und Schimmel zu der Susanna geführt; dasselbe hat dem David auf der Althana das Herz entzündet, es ist das Wort Lieb.
Es ist ein Wörtel mit 4 Buchstaben, rat, was es tut in sich haben? Dasselbe tut der Unschuld ein Nasen reiben; dasselbe tut die Gerechtigkeit bei der Nasen ziehen; dasselbige gibt der Treu einen Nasenschneller; dasselbe macht manchen Nasenwitzig, es ist das Wörtel Geld.
Es ist ein Wörtel mit 4 Buchstaben, rat, was es tut in sich haben? Dasselbe hat den Herodes zu einem halben Narren gemacht; dasselbe hat den Ammon zu einem ganzen Narren gemacht; dasselbe hat den Samson zu einem doppelten Narren gemacht; dasselbe hat den Holofernes zu einem dreifachen Narren gemacht, es ist das Wörtel Weib.
Es ist ein Wörtel mit 4 Buchstaben, rat, was es tut in sich haben? Dasselbige macht Lieb und

trüb; dasselbige macht Böck und Blöck; dasselbe macht warm und arm; dasselbe macht krank und Zank; dasselbe macht Not und Tod, es ist das Wörtel Wein.
Es ist endlich ein anders Wörtlein mit 4 Buchstaben, rat was es in sich tut haben? Dieses macht den Himmel leer; dieses macht die Höllen voll; dieses verlegt den Paß in die Glory; dieses bahnt den Weg zum Verderben; dieses beleidigt Gott und den Nächsten, es ist das Wörtel Zung mit 4 Buchstaben, aber nicht nur 4 Übel, nicht nur 40 Übel, nicht nur 400 Übel, nicht nur 4000 Übel, sondern unzählige Übel entstehen von der Zungen.

CHRISTOPH SELHAMER

Lächerlicher Possen, so einem Studenten widerfahren.

Ein Bauer hat einen Sohn, der schon etliche Jahre auf der hohen Schule studiert. Der Bauer wollt gern wissen, was und wie viel er doch soviel Jahr her auf der hohen Schul erlernt. Setzt seinem Sohn oft zu, er soll ihm weisen, was er so lang ergriffen. Der Sohn aber gab kein Antwort von ihm, als diese: Vater, es ist noch nicht Zeit, daß ich dir zeigen soll, wie weit sich mein hochgelernte Weisheit erstreckt. Wenn die recht Zeit kommen wird, so will ich dirs handgreiflich zeigen, was ich kann, du wirst dich drob vergaffen. Nun der Sohn abermals reist seiner hohen Schule zu. Wie das Jahr vorüber, kam er wiederum, und eben an einem Samstag heim, wie sie gleich zum Nacht-Essen sitzen wollten. Der hochstudierte Sohn setzt sich auch hinan, und wie er sah, daß man drei frische Eier aufgetragen, einem jeden eins, dem Vater, der Mutter und dem Sohn, da sprach der Sohn: Nun Vater, jetzt ist Zeit, jetzt will ich dir hell und deutlich weisen, was und wieviel ich soviel Jahr herum gestudiert. Ich weiß, du wirst dich freuen und dich kein Geld reuen lassen, was du auf mich bishero spendiert. Nun, sprach der Vater, das will ich gern sehen, was hast denn also gelernt? Schau Vater, da liegen in der Schüssel drei Eier, ich will dir aber weisen, daß es fünf Eier sind. Das wär eins, wenn du aus drei gleich fünf machen könntest, das trüg ein. Ich kann dies und noch mehr. Los Vater, wo drei sein, da sein auch zwei, ists nicht wahr? Ja, ja. Da aber sind 3 Eier, so sind denn auch 2 Eier da. Ist alles wahr. Nun weiter, 2 aber und 3 machen 5. Weil denn hier 3 sind und 2, so sind ja 5 Eier vorhanden. Nun Bub, jetzt merk ich wohl, was du mit meinem Geld soviel Jahr erlernt hast. Ist gar recht; schau Bub, aus den 5 Eiern nehm ich 2 Eier für mich, das dritte geb ich deiner Mutter, die übrigen zwei friß du, hast mehr nicht verdient.

Franz Anton Oberleitner

Ein Bauer bringt zu seiner Obrigkeit zwei Besen

... Ein gewisser Verwalter forderte seinen Untertan auf die Verhör, weil er das sechste Gebot Gottes gebrochen, und legt ihm zur Straf fünf Ducaten auf. Der Untertan bittet auf etlich Tag um Geduld, die ihm auch gegeben werden. Wie er nach verflossenem Termin das Geld bringen sollte, brachte er anstatt dessen zwei Besen: der Verwalter verwunderte sich hierüber, wußte nicht was dieses bedeutete, dahero sagte er ganz entrüstet: Ducaten will ich haben und keine Besen, fragte anbei, was dieses bedeute, und was er damit haben wolle? Herr, antwortet er, ich habe der Ursachen zwei Besen mit mir gebracht, daß ihr zuvor mit dem einen in eurem Haus und vor eurer Tür kehrt, mit dem andern will ich hernach in meinem Haus und vor meiner Tür auch kehren. Wohl gegeben.

Salomo Gesner

Karthago ist nur durch Zwietracht seiner Bürger gefallen

Es ward ein Carthaginenser mit Namen Tyresius von Scipione, dem Römer, welcher die mächtige Stadt Carthago erobert und ins Feuer gesetzt hat, gefragt, wie sie, die Carthaginenser, so lange Zeit gegen die große Macht der Römer sich hätten fristen und aufhalten können? Er kriegt aber diese vernünftige und bescheidene Antwort ... so lange wir friedlich zusammen gehalten, haben wir nicht alleine den Römern widerstanden, sondern auch abbruch zu tun vermocht. Da wir aber der Sachen uneins worden, hat unser Regiment und Polizei fallen müssen. In summa, es bleibe dabei, was S. Paulus saget, Wissen blähet auf, Liebe aber und Friede bauet, 1. Corinther 8, und so viel vom Bilde.

Mauritius Nattenhusanus

Ein armer Edelmann prahlt mit Stiefel und Sporn, wiewohl er kein Pferd hatte

Ein jeder will hoch angesehen sein, wie jener Arme von Adel zu Straßburg. Dieser arme Tropf, obwohl er bettelarm, wollte doch hoch angesehen sein. Dieser wohnte in einem Dorf, nächst bei Straßburg, und kam täglich in die Stadt hinein, in welcher er mit Stiefel und Sporn herum spazierte, hatte doch daneben kein Pferd nicht. Die Herren des Rats der Stadt Straßburg entschlossen sich, mit diesem Prahlhans und armen Tropfen einen lächerlichen Possen anzufangen: Unterredeten sich, sie sollen ihn bezüchtigen, er sei angeklagt worden, als hätte er vor der Stadt draußen, mit dem Pferd ein Kind zu Tod geritten. Sie lassen ihn zitieren, das Verbrechen wird ihm vorgehalten, daß er mit seinem Pferd ein Kind zertreten. Er leugnet diese Bezichtigung so gut er kann, bezeugt mit Verpfändung seiner Ehr und Treu, daß er an dieser Tat unschuldig, er wisse nichts darum. Die Herren des Rates replicierten: Er möcht leugnen, so viel er wolle, die Tat sei mehr als zu viel bekannt. Endlich mußte der arme Tropf gleichwohl sagen, was ihm nicht lieb: Ihr Herren, sagte er, es weiß Gott im Himmel, daß ich kein Kind zu Tode geritten, indem ich bei meinen Ehren schwöre, daß ich in zehn Jahren nie auf kein Pferd kommen. Also ging die Sache mit einem Gelächter aus, und wurde der arme Tropf mit seinen Stiefeln und Sporn bloßgestellt und kam an Tag, daß er im Kopf den größten Sporn habe, nichts hinter ihm sei, als lauter Prahlerei.

JOHANN LAURENZ HELBIG

Lügen eines abgedankten Soldaten

... Einige lügen aus einer bösen Gewohnheit, als da sind die alten abgedankten Soldaten, oder welche sonst weit in der Welt herumgelaufen. Ein solcher war jener, welcher ganz handgreifliche Lügen zu erzählen wußte, und wenn mans ihm nit glauben wollte, mußte es ihm sein Knecht, der Hans, der mit ihm gereist war, bejahen und bestätigen. Einstmals erzählte er, wie er auf einen Schuß und mit einer Kugel einen Vogel, einen Fisch und einen Hirsch durch den hinteren Lauf und das Ohr geschossen habe. Die Zuhörer widersprachen es ihm, da sagte er: Hans, ist es nicht wahr, du warst ja dabei. Ja, sprach Hans, es hat sich aber gar wunderlich zugetragen. Mein Herr stand bei dem Fluß hierüber und der Hirsch darüber, und da der Fluß brannte, flog eben eine Schwalbe über dem Wasser und ein Fisch hüpfte aus demselben hervor und eben zugleich kratzte sich der Hirsch mit der hinteren Klaue hinter dem Ohr, wo eine Wespe saß, da hat er unversehens diese allzugleich getroffen. Nachmalens als sie miteinander nach Hause kamen, sagte Hans: Herr Juncker, macht eure Sach ein andersmal behutsamer, sonst kann ich euch wahrhaftig ein andersmal nicht mehr daraus helfen. Ist gut, sagte der Herr, wenn ich wieder einmal anfang aufzuschneiden und du vermeinst, es sei genug, so stoße mich, damit ichs unterbreche und nicht zu tief hineinkomme. Es bleibt dabei, sprach der Hans, auf solche Weise wollen wir unsere Sache anstellen.

Beim nächsten Mal fing Juncker Sigismund wieder an, mächtig aufzuschneiden, unter anderem sagte er: In Welschland habe ich eine Kirche gesehen, die ist zehn tausend Schritt lang. Hans gab seinem Herrn alsobald einen Stoß, dieser erschrak und fuhr in die unbesonnene Wort aus: Und zwei Schritt breit. Alle Anwesende fingen überlaut an zu lachen, aber Herr Sigismund entschuldigte sich mit diesen Worten: Wenn du Bernhäuter mich nicht hättest gestoßen, so wollte ich diese Kirche nach der Proportion, der Läng schon breit genug gemacht haben.

LUCIANUS MONTIFONTANUS

Armut erfreut, Reichtum betrübt

Wie der fromme Arme sich in seiner Armut zu erfreuen, der Reiche in seinem Reichtum zu seufzen und jammern habe, ist aus folgendem Exempel zu vernehmen. Ein reicher Herr hatte einen feinen Palast, dem nichts mehr zuwider, als daneben ein armer notdürftiger Handwerksmann wohnte, und zwar in einer gar elenden Hütte. Was aber diesen Herrn noch mehr peinigte, war dieses: Weil er vom vielen Essen und Trinken ermüdet, von vielen Sorgen gequält, des Nachts oft wenig oder gar keine Ruhe hatte. Sehr ungern hörte er auch, daß, wenn er also ungeschlafen lag, der arme Nachbar in seiner Hütte und Werkstatt unter dem Arbeiten ein Lied nach dem anderen lustig herab sang, sich bei der sauren Arbeit lustig und fröhlich erzeigte: Wenn er mit seinem Völklein bei dem mageren Tisch saß, war nichts als Scherzen und Lachen, bis sie endlich nach schlechter und grober Abspeisung sich zu Bett begeben, und die Nacht hindurch alle wohl ausgeschlafen. Morgens bei guter Zeit weckte das Weib alle auf, und sie haben ihre

Gebete verrichtet, und sind an die Arbeit gangen, ist auch das Singen und Pfeiffen wiederum angegangen, nicht ohne großen Verdruß des Herren, welcher kaum eine oder die andere Stund die ganze Nacht von diesem entübrigt war. Gedachte derohalben, wie er doch diesem armen Schlucker seine Freud und guten Mut verbittern möchte. Was tut er? Einstmals in der Nacht, da alles in dem armen Häuslein wohl eingeschlafen, steht er auf, nimmt einen guten Beutel mit schönen Ducaten, schleicht selbst die Stiegen hinab bis auf die Gasse, geht zu gedachtem Häuslein, öffnet die Tür, weil sie schlecht verriegelt war, in aller Stille, hängt den Beutel hinter der Tür an einen Nagel, geht wieder nach Haus, wartend, was die Sach für einen Ausgang nehmen werde. Des Morgens, da der Arme wiederum zur Arbeit will, nimmt er gleich diesen Säckel wahr, wundert ihn, wie er dahin kommen, findet ihn, als er ihn herab genommen, ganz schwer, sieht, als er solchen geöffnet, denselben voll des besten Gelds. Jetzt hätte man sehen sollen, was den armen Mann für eine Angst angestoßen: Zur Arbeit ist er nicht gegangen, sondern ganz erschrocken nur hin und her geschlichen, einen Winkel zu suchen, wo er das Geld verstecken könnte, daß es weder die Seinige, noch jemand anderes finden und wissen sollte, woher es kommt. Weil er denn kein Ort fand, steckt ers in den Strohsack, darauf er zu liegen pflegte, stellte sich krank, und legte sich zu Bett, nur damit niemand ihm den gefundenen Beutel stehlen möchte. Unterdessen war bei ihm weder Singen noch Lachen mehr, sinnt und trachtet allein etliche Tag und Nächt, wie er das Geld nützlich anwendete. Der Reiche, der dieses alles wohl in Obacht genommen, kommt nach dieser Zeit in die Hütten des Armen, fragt den Nachbarn nach, welchen das Weib an dem Hirn-Wehe krank zu sein und im Bett zu liegen beteuerte. Der Herr sagt hingegen, er wolle ihn besuchen, wisse für sein Anliegen das beste Mittel; sagt ihm still in ein Ohr, er solle ihm den Säckel mit Geld wiederum geben, den er vor etlichen Tagen in seinem Häuslein hinter der Tür an einen Nagel aufgehängt habe, wenn er dies nicht täte, so wolle er bald machen, daß er als ein Schelm an Galgen aufgehängt werde. Der Arme wollte so hohe Herberg nicht erwarten, sondern stellt das Geld zurück, fängt von derselben Zeit an wiederum lustig und fröhlich wie zuvor zu arbeiten, als einer der erfahren, wie es einem Armen so viel besser ums Herz sei, als einem Reichen.

Leo Wolff

Ein Volgesoffener vermeinte, der Bader schere ihm den Bart, als ein Schwein ihn abschleckte

Aus vielen nur eines zu gedenken, wird erzählt, daß einstens ein solcher Luderer des Bier-Tranks im Wirts-Haus so viel zu sich genommen und also damit sich überladen hat, daß er nit nur den Trank, sondern auch seine Füße ihn selbst nicht mehr nach Hause tragen konnten, ist also nächst dem Dung-Haufen liegen verblieben, und hat allda die ganze Nacht auf den Sau-Federn geschlafen. Zu Morgens Frühe, als man die Schweine zum Austreiben aus den Ställen herausgelassen, ist deren eine gleich auf den Dung-Haufen zu gelaufen. So bald sie den lieblichen Geruch von diesem vollgesoffenen Luder, der um das Maul herum, Haar und Bart ganz verspeiet war, gespürt, erbarmte das Schwein sich über ihren vollen Bruder, und putzte mit ihrer Zunge ihn sauber ab, gab ihm aber mit ihrem harten Rüssel einen solchen harten Stoß, daß er es wohl empfinden täte. Jedoch vermeinte er in dieser Trunkenheit, es wäre allda der Meister Hans, sein Zech-Bruder und Dorf-Bader, welcher ihm den Bart scheren täte, sagte derohalben:

Ei Bruder Hans, scher mich nit so hart. Das Schwein aber wollte sich nit dazu verstehen, sonder fährt fort so lang, bis der Luderer seine Augen eröffnet, und halb bei sich selbst erkennt, was für ein Bader ihn geputzt habe und wessen Bruder er sei. Ein Volltrinker ist allzeit dem Schwein gleich.

Fabelmärlein

Johann Laurenz Helbig

Apologus vom Hund, Haus-Hahn, Knecht und Magd

Der Haus-Hund und der Gockel-Hahn hatten sich zusammen auf dem Mist gelagert und kamen miteinander in ein Gespräch: Der Gockel beklagte sich, daß er so schlecht gefüttert werde, er bekäme wenig und schlechten Hafer, darum mußte er sich, seinen Hunger zu stillen, um andere Speisen auf dem Mist und dem Hof bewerben, und tue doch so treue Dienste. Er gäbe einen Nachtwächter ab, und kündige allen Hausgenossen die Zeit an. Kommt ein fremder Hahn in den Hof, müsse er ihn verjagen, da es dann manchmal ein blutiges Duell oder Zweikampf abgebe; so stehe er auch seinen Hühnern treulich vor, wie denn ohne ihn die Haus-Mutter wenig oder gar keine Eier in deren Nestern finden würde, aber dieses alles wurde ihm schlecht gedankt.
Mir, sagte der Hund (seines Namens Wachauf) geht es noch viel schlimmer; meine Kost besteht in einem abgenagten Knochen oder einem Stück schwarzen hartem Brot, und dieses nicht zur Genüge.
Wenn mich der Hunger plagt, und ich etwa bei

dem Tisch einen Brocken verlange, da ist schon eine Peitsche in Bereitschaft, mit welcher man mich zur Stube hinaus treibt, der ich doch das ganze Haus bewachen und bewahren muß, da ich dann oftmals in Leib- und Lebens-Gefahr gerate. Von vielen anderen Diensten ganz zu schweigen, so muß ich mit meinem Herrn hinreisen, wo er hin will, ihn zu beschützen, wo mir manche Gefahr aufstößt, muß doch dabei Hunger, Kummer, Kälte und Wärme wie es die Zeit mit sich bringt, ausstehen.

Hierauf faßten sie den Schluß, sie wollten sich hinweg begeben, und einen anderen Herren suchen, doch sollte der Hund den Knecht, der Hahn die Magd um einigen guten Rat fragen. Der Knecht sagte: mein lieber Wachauf, du tust wohl daran, wenn du dich um einen anderen Herren umsiehst, denn bei diesem ist nicht zu bleiben, ich will dir bald nachfolgen, ich hab genug zu arbeiten, aber nicht zu essen. Nehme ich die Sonn- und Feiertage aus, so bekomme ich die Woche hindurch gar selten ein Stück Fleisch; nichts als Erbsen, Kraut, Linsen, Klöße, Brei, Milch, Salat und dergleichen, liederliche Speisen gibt man mir zu essen. Das Brot ist ziemlich schwarz; so habe ich auch nicht allemal den Käß dazu. Es sollte mir wohl gefallen, wenn ich zuweilen einen

Trunk Wein oder Bier bekäme, aber da wird nichts daraus, als auf die Sonn- und Feiertage, darum will ich mich nächstens um einen anderen Herren umsehen. Potz Schlapperbenck, ich bin ein rechtschaffener Kerl, und lasse mich so nicht abspeisen. Mein Herr will mir auch viel daher schnurren, wenn ich nicht allzeit zu Haus bleibe wie eine Schnecke, und des Nachts spazieren gehe, ich bin wahrhaftig kein Bub! so muß man mit einem rechtschaffenen Kerl nicht umgehen.

Eben auf solche Weise antwortete die Magd dem Hahn, und beklagte sich über die Strenge ihrer Frau, weil die es nicht leiden wollte, daß sie des Nachts spät heim käme, oder mit dem Knecht auf eine Kirchweihe, Jahrmarkt zum Tanz ginge, ich bin ja keine Nonne in dem Kloster sagte sie, darum sei sie gewillt, nächster Tagen ihren Weg weiter zu nehmen.

Dieses erzählt der Hund und Hahn einander, und beschlossen unter sich nach dem Abend-Essen sich hinweg zu begeben. Sie traten ihre Reise an, kamen um den Abend in einen Wald, übernachteten, und zwar der Hund in einem hohlen Eichbaum, und der Hahn auf einem Ast selbigen Baums. Der Hahn ließ sich seiner Gewohnheit nach etliche mal hören, und gegen den Morgen krähte er herzhaft. Das hörte ein Fuchs in dem Wald, der kam

ungesäumt zu dem Baum, wünschte gar freundlich und höflich dem Hahn einen guten Morgen und spricht:
Durchlauchtigster Herr! Wieso? sprach der Hahn: Warum gibst du mir ein so vornehmes Prädikat? Weil es Euer Durchlauchtigkeit also gebührt, antwortete der Fuchs, denn die Krone, die ihnen die Natur auf das Haupt gesetzt, bezeugt genug, daß sie vom Königlichen Geblüt herstammen, so sieht man auch an ihren Sporen, an den Stiefeln, was für ritterliche Taten sie zu solcher hohen Würde erhoben. Ich habe auch gehört, mit welch heller und lieblicher Stimme sie Victoria rufen, ich hab die Nacht hin vermeint, es müsse ein wachsamer Kriegsmann sein ... Aber a propos, Ihr Durchlaucht! Wo geht die Reise hin? Der Hahn: Ich suche einen anderen Herren, weil mir bei dem vorigen nicht zum besten ist aufgewartet worden. Der Fuchs: da tuen sie wohl daran, sie gehören ihrer Tugend und Stammens halber nicht auf einen Bauern-, sondern Königl. Hof. Wenn sie mir folgen wollen, so will ich sie dahin führen, wo sie Groß-Hofmeister über alles geflügelte Vieh werden sollen. Kommen sie nur fein geschwind von dem Baum herunter, damit wir die Reise antreten. Der Hahn merkte die Possen, wie nämlich der Fuchs gern ein Frühstück hätte, wußte auch

gar wohl, daß er ein falscher Schmeichler sei, anders rede, aber es anders meine. Dergleichen Gesellen ist nicht zu trauen, sonderen ihre Boßheit müsse auch gezüchtigt werden, wann und wo es nur sein könnte; doch weil er es mit einem schlauen Fuchs zu tun habe, müsse er es wohl versehen, und ja nicht zu viel getrauen, könnte er ihm auch einen Druck beweisen, so würde es ihm desto rühmlicher sein, weil dieser hinterlistige Geselle an sonsten jedermann anzuführen wüßte. Darum sagte er ihm, er habe noch einen Weggefährten bei sich, welcher in dem gelöcherten Baum noch schlafe; er sollte ihn aufwecken, wollten alsdann ihre Reise miteinander antreten. Der Fuchs vermeinte, es müsse etwa eine Henne sein, ging hin zu dem Loch, rief: Wach auf, wir müssen reisen. So bald der Hund seinen Namen hörte, sprang er aus seiner Höhle heraus, und da er den Fuchs wahrnahm, fiel er ihn alsobald an, zerriß ihm das Fell, daß er sein Leben darüber lassen mußte.
Der Hahn sagte seinem Erretter Dank, und sie setzten hierauf ihre Reise fort. Um den Mittag hätten sie beide gern etwas gegessen, hatten aber nichts, waren daneben müde und matt, weil ohnedas die Sonne hitzig brannte. Der Hund kam zu einer Höhle, bat den Hahn, er möchte auf dem Baum ein wachsames Auge

halten, er wollte inzwischen in dieser kühlen Höhle eine Weile ausruhen. Er genoß die Ruhe gar nicht lang, da rief ihm der Hahn zu: Lieber Wachauf, es kommt ein großes zorniges Tier dort hergegangen, ich glaub, es muß ein Löwe sein, welcher zu seiner Grube geht. O wehe mir! seufzte der Hund, du allerliebster Weggefährte, weißt du, wie ich dich heut aus der Gefahr des Fuchses errettet habe, nun tue auch du das beste und helfe mir; es ist ja ein Dienst des anderen wert. Der Löwe kann den Hahnenschrei nicht dulden, darum rufe was du rufen kannst, damit er von dannen weicht. Dieses tat der Hahn, da lief der Löwe aus Schrecken und Verwirrung seiner Grube zu, sich zu verbergen, fand aber einen ungeladenen Gast, den er aus Verstörung und Grimm in Stück zerriß.

Diesem entsetzlichen Spektakel sah der Hahn mit Zittern und voller Angst zu, lamentiert: O wehe mir verlassenen Vogel! einer Gefahr bin ich entgangen. Aber mein lieber Kamerad nicht, ich fürchte, leider, es werde bald ein Geier oder anderer Stoß-Vogel kommen, und mir den Garaus machen. O was hab ich getan, daß ich meinen Herren verlassen habe! Wir beide haben einander verführt. Der Hund hat seine Strafe dafür ausgestanden, meine steht mir noch bevor. O mich elenden Vogel. Was

Rats? Ich will wieder zurück nach Hause gehen. Ach wenn ich nur sicher dahin käme! Es flog der Hahn von einem Baum zu dem anderen, und traute sich nicht herab auf die Erde, er wurde aber gar müd, denn der Hunger entkräftete ihn, darum blieb er endlich auf einem Ast sitzen. Da hörte er etliche Leute schwätzen und daher kommen, dessen war er über die maßen froh, und was ihn noch mehr tröstete, es war eben der Knecht und die Magd, welche mit ihm in einem Haus gedient und nun flüchtig gingen. Sobald sie zusammen kamen, grüßten sie einander, und bevor sich der Hahn in ein Gespräch einließ, bat er, sie möchten ihm doch ein Brot klein schneiden, damit er sich sättige, denn er könne vor Hunger und Mattigkeit nicht reden. Als er gegessen hatte, setzte er sich wiederum auf einen Ast, und erzählte alles, was sich mit ihm und dem Hund zugetragen hatte, gab ihnen auch die treue Warnung, sie sollten ja nur wiederum zurück zu ihren Herren und Frauen gehen, es dürfte ihnen ebenfalls nicht wohl ausschlagen. Er habe mehrmals, so wohl Tags als Nachts in Obacht genommen, daß sie zusammen geschlüpft, und ungebührlich miteinander gelebt, wobei es sich nicht fehlt, daß sie ihrem Herren und Frauen werden untreu gewesen sein, an Speise und Trank und anderen

Hausgeräten abgetragen, ihre Arbeit der Gebühr nach nit verrichtet, des Nachts miteinander geschertzt, des Tags, wo sie außer den Augen ihres Herren und Frauen gewesen, geschlafen; die Arbeit unterlassen oder obenhin, und nicht der Gebühr nach verrichtet; das Vieh vernachlässigt, und Schaden zugefügt haben. Nun aber seien sie der Gedanken, sich zusammen zu verheiraten. Er wolle sie aber vorher warnen, denn es wird ein übles Aussehen mit ihnen gewinnen, denn die Untreue werde mit Armut gestraft werden. Was sie unrechtmässiger Weise an sich gezogen, werde nichts fruchten, sondern wie der Rauch verschwinden, und was sie in ihrem Dienst aus Nachlässigkeit verabsäumt und hierdurch Schaden gebracht, dieses werde mit Schaden vergolten, und sie dem Unglück so lang ausgesetzt bleiben, bis sie darunter erliegen werden. Ihre unkeusche Liebe und Gemeinschaft werde sich in einen Haß, Streit und Uneinigkeit verwechseln, und dieses aus himmlischer Verhängnis ihnen zur Strafe. Machts, wie es die Agar gemacht hat, welche, als sie von Gefahr und Unglück überfallen war, ging sie zurück zu ihrer Frau, der Sara, und war ihr untertänig.

Dieser auf einem grünenden Predigtstuhl so ernstliche Prediger wollte ihnen gar nicht gefallen, denn er sagte ihnen die Wahrheit zu keck und klar heraus, darum gingen sie ohne Abschied unwillig fort, sie waren aber kaum fünfzig Schritt fortgegangen, da hörte der Hahn ein Geschrei, er dachte, diese zwei Leute dürften seiner Rede wegen uneinig geworden sein, und einander schlagen, darum machte er sich ungesäumt hinzu, sah aber, daß sie von etlichen Straßen-Räubern überfallen waren, welche ihnen alles nahmen, was sie hatten, so gar auch die Kleidung von dem Leib, schlugen sie unbarmherzig, drohten ihnen so gar auch den Tod, wenn sie sich nicht alsobald würden fortpacken. Sie gingen wiederum zurück unbekleidet und am Leib mächtig zerschlagen.

Der Hahn folgte ihnen, und hörte zu, wie sie unter sich zankten, eins dem anderen die Schuld dieses Unglücks beimaßten. Die Magd sagte: der Knecht habe sie verführt; der Knecht schob es auf die Magd, endlich wurden sie also zwieträchtig, daß sie einander verließen, der Knecht ließ sich verlauten, er wollte ein Soldat werden, ginge damit fort. Die Magd jammerte und bekannte dem Hahn, daß sie schwanger sei, wußte also nichts anzufangen, als herum zu gehen und zu betteln.

Der Hahn setzte seine Rückreise nach Haus fort, kam endlich zu dem Hof, setzte sich auf den Zaun, und vor Freude tat er einen hellen Schrei oder Kräher. Die Hühner kannten seine Stimme, liefen hinzu, erfreuten sich seiner glücklichen Ankunft, und wollten wissen, wo er gewesen sei? Er erzählte ihnen alles der Länge nach, was sich zugetragen hatte, mahnte sie zur Treu und Beständigkeit, versprach bei ihnen zu verbleiben bis an sein Ende, machte also den Zaun zu einem Predigtstuhl, wie vorher den Eichbaum. Es sagten ihm aber die Hühner eine unangenehme Zeitung, wie nämlich in seiner Abwesenheit ein anderer Haus-Hahn sei beigeschafft worden. Diese Zeitung war ihm gar nicht angenehm. Inzwischen hörten sie die Stimme der Hausmagd, welche ihnen zu fressen geben wollte, sie liefen hinzu, der Hahn hinten nach, denn er war sehr müde. Da er zum Haufen kam, kündigte ihm der neue Hahn alsobald einen Kampf an, weil er aber von der Reise müde, hungrig, traurig und zaghaft war, mußte er bald den Ausreiß nehmen, und wurde in dem Hof herum gejagt.

Dieses nahm die Haus-Mutter wahr, befahl der neuen Magd, sie sollte den alten Hahn fangen und würgen, weil ihm der Neue überlegen und mehr behertzt sei, so sorge sie sich auch, weil er einmal meineidig worden, so dürfte er es auch das andermal nicht unterlassen, denn einen untreuen Knecht oder Magd solle man ja nicht das andermal wieder in Diensten nehmen. Wären sie das erstemal nit treu gewesen, so würden sie das andermal gewiß untreu werden.

Der Hahn hörte dieses alles, seufzte, wehklagte und bereute seinen begangenen Fehler. Als die Hühner gefressen hatten, verließen sie den Neuen und versammelten sich zu dem alten Hahn, der sie also anredete: Liebste Schwesterlein! Ihr habt das Todes-Urteil, so über mich ergangen ist, gehört, ich bekenne meine Schuld und bereue sie herzinniglich: Unser Ur-Groß-Vater hat dem Heil. Petro die Buß gepredigt, welche er auch weinend verrichtet, darum Nachlaß und Verzeihung erhalten. Ich bilde mir ein, ich höre diesen unseren Vor-Vater, dem zufolg ich meinen Fehler reumütig bekenne und beweine. Ich bitt euch, helft mir aus diesem mir angedrohten Untergang. Dieses könntet ihr bewerkstelligen, wenn ihr den neuen Hahnen verlaßt und bei mir verbleibt, damit, wenn die Magd mich fangen will, ihr das Wort für mich tut, und wenn mich der neue Hahn abermal bekriegt, ihr mir beisteht.

Etliche von den Hühnern sagten ihm zu, das beste zu seiner Wohlfahrt beizutragen. Andere aber gingen fort und murrten, und zwar die

Älteste unter ihnen sagte: Was werden wir für ein Ehr davon haben, wenn wir uns dieses Mamelucken viel wollen annehmen. Er ist ein meineidiger Gesell, hat seinen Herren und uns verlassen. Wer weiß, wo er dem liederlichen Leben nachgangen, und ein Ehebrecher worden ist. Als dieses die anderen Hühner hörten, ließen sie sich auch abwendig machen. Da saß dann der gute Hahn von jedermann verlassen, wie einer, der bald zum Tod sollte geführt werden. Er retirirte sich hinauf auf das Dach des Hühner-Hauses, damit er so leichtlich nicht konnte ergriffen werden, allwo er auch übernachtete, und folgende Anrede an sich selbst tat.

O ich unglücklicher und betörter Vogel! Wie hab ich vormals so gute Tage genossen! Es ist aber auch bei mir wahrgeworden, was man insgemein sagt: Man kann alles übertragen, aber die guten Tage nicht. Mir war zu wohl, darum habe ich solche ungeschickte Händel angefangen, welche mich in viele Lebens-Gefahr gebracht haben. O wie unrecht tun die Bedienten daran, welche, wenn ihnen nicht alles nach ihrem Wunsch und Begehren geht, wenn ihnen der Herr oder die Frau ein rauhes Wort gibt oder den Tisch nicht voll mit Speisen aufträgt. Alsobald stampfen als wie ein satter Esel, sie beklagen sich über die viele Arbeit und stetes Aufwarten, sie möchten gern ein eigenes sanftes Sesselein haben und in selbem gut herrlich sitzen und ruhen. Wenn sie in der Gesinde-Stuben zusammen kommen, so weiß einer dieses, der andere etwas anders wider seinen Herrn und Frau zu klagen, darum verführen sie einander, sind untreu, treten vor der Zeit aus ihrem Dienst. Da ergeht es ihnen, wie unserem vormaligen Knecht und Magd, unserem Wachauf und mir selbst. Meine Untreu hat mir nicht allein viele Gefahr zugezogen, sondern ich habe auch alle Gemüter von mir abgewendet, also daß mich sogar meine lieben Weiblein, die Hühner, verlassen, wobei ich auch mit dem Solon sterbend lerne, wie veränderlich die Gemüter, und wie unbeständig die Freunde sind. Sobald man von dem Glück, eben sobald wird man auch von seinen Freunden verlassen. Ich sitze hier in der Erfahrung, ich wollte, daß ich Zuhörer hätte, so sollte auch dieses Hühner-Haus mir zu einem Predigtstuhl dienen, und wollte ich noch ein mehreres vortragen den Dienstboten zu einer Lehre und Warnung, wie sie ihrem Herrn treu, fleißig, fromm und aufrichtig sein sollen, und wie sie im Widrigen der Straf Gottes nicht entgehen werden. Ich wollte ihnen den Schluß meiner Warnung mit einem bekannten Vers machen: Felix, quem faciunt aliena pericula cautum. Selig, welchen anderer Leut Gefahr und Unglück macht gescheit.

Kaum hatte er diese wehemütige Rede geendigt, da ergriff ihn ein hinzu geschlichener Ratz, und wollte ihm den Garaus machen: Allein der neu-angenommene Hund, namens Treutier, hatte dem wehe-klagenden Hahn mit großem Vergnügen zugehört, und dachte bei sich: Ein guter Prediger und treuer Ratgeber ist aller Ehren wert. Mancher würde sich in großes Herzenleid stürzen und den Weg des Verderbens gehen, wenn ihn der Prediger nicht abhielte. Darum halte ich einen solchen für den besten Freund auf der Welt, dem man mehr zu danken schuldig ist, als je einem anderen Wohltäter, als welchem man alle seine Wohlfahrt zuzuschreiben hat. Einen solchen Nacht-Prediger habe ich an dem Hahn gehabt, welcher mir viel schöne Lehrstücke gegeben hat, darum will ich mich auch dankbar gegen ihn bezeugen.

Bellte hierauf den Ratz also heftig an, daß, als er kaum den Hahn erwischt hatte, selbigen aus Furcht fallen ließ, und die Flucht ergriff. Der Hahn fiel von dem Dach herab auf den Mist, und sagte seinem Erlöser tausendfältigen Dank, eröffnete ihm aber beinebens, wie ihm noch ein anderes Unglück bevorstehe, und wie die Magd befohlen habe, ihn zu würgen. Fürchte dich nicht, sagte der Hund, ich will dein Beschützer sein, geh du inzwischen ein wenig beiseite, verberge dich, bis daß ich dich morgens früh rufe, alsdann komme unerschrocken hervor.

Als des Morgens die Magd das Hühner-Haus eröffnete, den Hühnern Fressen vorwarf, und hinweg ging, ergriff der Hund den neuen Hahn, biß ihm ein Bein entzwei, tat einen Rufer, und legte sich auf den Mist, als sei er sich nichts Böses bewußt. Der alte Hahn kam aus seiner verborgenen Ecke hervor, sah seinen Feind blessiert und lahm, und erkannte gar bald das treue Freundstück, welches ihm der Hund beweisen. Die Haus-Mutter sah den beschädigten Hahn und sagte: Gott lob, daß der alte Hahn nicht gefangen und gewürgt worden, denn ich müßte abermals einen anderen kaufen, befahl den Lahmen zu ergreifen, zu töten und zu kochen.

Wer war froher als der alte Hahn, daß er aus so vielen Gefahren erledigt und in seine vorige Stelle eingesetzt worden. Nachdem er sich satt gefressen hatte, führte er seine Hühner beiseite hinter die Scheuer, setzte sich auf ein Holerstauden, und täte folgende Anred zu ihnen: Ich weiß nicht, wie ich Gott genug danken soll, welcher mich aus so mannigfältiger Gefahr, und erst diese Nacht errettet hat, ich will ihm Tag und Nacht sein Lob psalliren . . . Nebst Gott ist man auch schuldig denen zu danken, welche von Gott als Werkzeug zu der Errettung gebraucht worden, welche dann auch das Ihrige beigetragen, einen solchen Schutzmann habe ich an unserem neuen Hund, dem Treutier gefunden, dem ich denn zeitlebens verbunden bin, und ihm alle Freundschaft erweisen werde. Aber wie habe ich es mit euch, ihr treulosen Weiblein zu halten? Wir haben so lange Zeit in gutem Verständnis miteinander gelebt, da mich aber das Unglück betroffen, seid ihr von mir abgewichen, ja in Feind verändert worden, wie ich denn in meinem traurigen Zustand giftige und bissige Rede habe einfressen müssen, welches mir um so viel schmerzlicher gefallen, weil ich ohnedem von jedermann verlassen war, und dem Betrübten Betrübnis zugemehret wurde, wider jenen alten Spruch: Afflicto non est addenda afflictio. Da habe ich erfahren, daß wahr sei: Freund in der Not gehen 50 auf ein Lot. Nun bin ich wiederum in den Stand gesetzt, daß ihr mir untergeben seid, wobei ich die schönste Gelegenheit habe, eure Untreu und Falschheit zu züchtigen, weil es aber nicht wohl steht, in seiner eigenen Sache einen Richter abzugeben, mir auch als eine Rachgier

könnte ausgelegt werden, so solle alles vorhergegangene abgetan und in ewige Vergessenheit gestellt sein.
Hiermit endigte er die Predigt, und beschloß sie mit seinem gewöhnlichen Gesang, dem der ganze Chor der Hühner beistimmte, und zwar jenes Lied: Gelobt sei Gott der Vater.

LEONHARD LEO

Fabel vom Igel und Fuchs

Der Teufel ist ein Schelm, er kommt mir vor als wie jener Aesopische Igel. Dieses spießige Tier wollte einst in der stillen Nacht in dem Wald sein Nahrung suchen, verläßt demnach seine finstere Behausung und läuft schier den ganzen Wald aus, findet auch endlich einen freigebigen Baum, welcher ihm sehr viel Früchte von oben herab mitteilt. Indem er aber das zusammen geklaubte Confect nach Hause wollte tragen, begegneten ihm von weitem her die Jäger samt den Hunden. O wehe! gedachte er, wie wird's dir ergehen? Er läßt demnach all sein Proviant liegen und nimmt eilends die Flucht. Er sucht hin und her in der Meinung, er werde eine Retirada oder ein Felsenloch, wohin sie denn gemeiniglich in der Not fliehen, laut des Davidischen Sprichworts: Petra refugium herinaciis, antreffen. Aber umsonst, er wurde derowegen gezwungen, den Fuchs um die Nachtherberge anzusprechen. Der Fuchs wollte anfangs sich des flüchtigen Igels nit erbarmen, bedenkend, er habe eine gar spitze Haut und möge von solcher sein weicher Balg einen Riß davontragen. Da aber der Supplicant replicierte, wie er sich ganz klein machen und mit einem geringen Plätzlein vorlieb nehmen wollte, gab der Fuchs demselben den Unterschlupf. Was geschieht? Siehe, kaum war der Igel warm geworden, gleich breitete er sich aus und nahm alle Winkel ein, sollte schier einer vermeint haben, es logierte ein ganzes Regiment mazedonischer Soldaten in einem Fuchsloch. Der Igel evacieret mit seinem spanischen Reiten auf den Fuchs nahe, daß er gezwungen worden war, seine eigene Behausung diesem betrügenden Feind zu überlassen.

Fabel vom Wolf und Hirten

Ein Wolf wurde auf eine Zeit ertappt von dem Hirten in dem Schafstall unter den Schafen; als ihn nun der Hirt töten wollte, sprach der Wolf ganz demütig: Ei mein guter Herr, verzeihe für diesmal, die Tage meines Lebens werde ich nit mehr kommen in diesen deinen Stall. Ich verspreche dir auch, daß deine Schafe werden hinfort vor mir sicher sein, ich bekenne, ich hab zu viel getan, daß ich in den Stall gekommen bin. Nun ich aber meine Schuld gern bekenne und sonsten mir vornehme, hinfort frommer zu sein. Ich will hinfort mit einem so wenigen zufrieden sein, daß ich niemals über die Wert 7 Heller werde fressen. Der Hirt läßt sich überreden und gibt dem Wolf Urlaub hinzugehen. Kaum kommt der Wolf auf das Feld und siehe, da kommt ihm entgegen ein stattlicher feister Hammel. Da fangen ihm an die Zähne zu wässern und er bekommt eine Lust, den feisten Hammel zu fressen. Damit er aber nit wider sein Versprechen, welches er versprochen, nit zu essen über die Wert 7 Heller, schätzt er den Hammel

nur auf drei Heller und frißt ihn auf mit guter Begierlichkeit. Desgleichen tut er den anderen Tag an einer Kuh mit einem Kalb, die er beide nit geschätzt über 4 Pfennig.

ABRAHAM A SANCTA CLARA

Fabel von der Sonne

Die Sonne hat sich einmal entschlossen, in den Ehestand zu treten, daher an alle Geschöpf höfliche Einladungen ausgeschickt und selbige auf bestimmten Tag auf die Hochzeit eingeladen, worunter auch die Frösche waren, welche dann hierüber sich nit ein wenig erfreut, absonderlich die Jungen, so da vor lauter Freuden aufgehupft und allerlei lüstige Sprünge vollbracht. Ein alter Frosch aber und betagter Großmaullender Gesell wollte solches nit leiden und hat die Jungen deshalb sehr ausgefülzt: O ihr grünhossende Fratzen, sagte er, und unwitzige Spitzbuben!
Ihr solltet vielmehr trauern als frohlocken, denn die Sonne hat uns öfter die Teiche als unser gewöhnliches Losament ausgetrocknet. Wie wird es erst uns künftig ergehen, wenn sie heiratet und folgsame junge Sonnen erzeugt, da werden wir gar keinen Unterschlupf mehr haben . . .

Fabel vom Mond

Der Mond hat auf eine Zeit Audienz genommen bei dem Jupiter, woselbst er sich wehemütig beklagt, wie daß er bisher in so schlechtem Respekt gehalten werde, meint darum, weil er nackend und bloß müsse immerfort erscheinen, er sei doch dasjenige Gestirn, durch dessen Wirkung und Einfluß der Erdboden bekleidet werde mit dem Gras, die Bäume mit den Blättern etc. Er verlange also auch, daß seine hohe und ansehnliche Person möchte standmäßig bekleidet werden. Hierüber hat Jupiter anfangs gelacht, nachmals aber in dieses zornige Wort ausgebrochen: Du ungeschickter Trampel, du wankelmütiger Gesell, es scheint wohl, weil du Lunanticos und halbe Narren machst, daß du selbst nicht gescheit bist, welches genugsam aus deiner Bitt und Anbringen abzunehmen. Ich glaub, die Schneider insgesamt würden mir mit ihren Bügel-Eisen den Himmel stürmen, wenn ich ihnen soll befehlen oder auferlegen, daß sie dir sollten ein Kleid machen, indem es unmöglich fällt: Denn du bist bald rund, wie eine Schieß-Scheibe, bald krumm wie eine Sichel, bald feißt wie ein Mästerschwein, bald dürr wie ein Bickhel-Hering. In summa, ein unbeständiger Narr . .

Abraham a Sancta Clara

Fabel von den Sternen

Etliche halten es für eine wahrhaftige Geschichte, mir aber dünkt es eine Fabel zu sein, was von Ludovico dem IIten des Namens, König in Frankreich, ausgesprengt wird. Dieser solle bei Hof einen eigenen Astrologen oder Sterngucker gehabt haben. Als er auf eine Zeit wollte zu einer Jagd ausreiten, da hat er vorher seinen Calender Schmid befragt, ob selbigen Tag werde schönes Wetter verbleiben? Dem hat der Astrologus nach kurzem Nachsinnen mit ja geantwortet. Als nun der König mit seinem Hofstaat unweit des Waldes kommen, wo die Jagd angestellt wurde, da begegnete ihnen ein Kohlenbrenner mit einem Esel, so mit einem großen Sack Kohlen beladen gewesen. Dieser mit seinen russigen Complimenten ratet dem König, er solle ohne langen Verzug nach Hause eilen, denn es werde bald ein schweres Wetter einfallen; der König lachte hierüber und setzte ferner seinen Weg fort; kaum aber ist der Jagd ein Anfang gemacht worden, da ist ein solches Ungewitter entstanden und zu gleich ein so starker Platz-Regen, daß alles mit Wasser überschwemmt und der König kümmerlich nach Haus gekommen; den anderen Tag hat er den Kohlenbrenner zu sich lassen rufen und selben befragt, woher er diese Wissenschaft habe? Ich, sagt der schwarze Gesell, bin mein Lebtag nie in die Schule gegangen, kann auch weder lesen noch schreiben; aber zu Haus habe ich meinen eigenen Sterngucker, der mir niemals die Unwahrheit vorgesagt. Wer dieser? Mein Esel, sagt er: denn wenn er die Ohren hängt und sich an einer Mauer oder Zaun reibet, welches ich gestern beobachtet, alsdann kommt unfehlbar ein Ungewitter und Regen. Worauf der König gelacht, den Astrologen vom Hof geschafft, aber den Kohlenbrenner belohnt; und ferner den Esel wohl tractiren lassen. Die Astrologi werden hierdurch gar nicht beschimpft, zumal diese Wissenschaft sehr schön und preiswürdig; denn ob sie schon mit dem schönen und schädlichen Wetter bisweilen nicht zutreffen, so ist zu wissen, daß sie solches für mutmaßlich und nicht für gewiß verkaufen.

WOLFGANG RAUSCHER

Dem Esel steht das Schmeicheln nit an

Der Esel gedachte einstmals in seiner Streu zurück, wo es doch möchte herkommen, daß er ohngeachtet seiner harten Arbeit und treugeleisteten Dienste so gar bei der Herrschaft nichts gelte: da man doch den faulen Polster-Hündlein die besten Bissen zuwürfe, es auf die Schöße nehme und ihm so schön täte, als sei es das liebste Kind im Haus. Fand letztlich, daß es müßte daher rühren, dieweil er nit höflich genug und nit gebührend aufwartete. Beschloß derohalben, andere Sitten an sich zu nehmen und dem Löwerlein hierinn nichts bevorzugeben. Als nun auf einen Tag der Herr in den Stall kam, sprang der Esel mit den vorderen Füßen an ihm auf, fing an, mit dem Maul zu kirren und auf solche Weise sich zuzumachen. Aber weil er dem Herren nur die Kleider besudelte, hat man diesem groben Tölpel mit einem Stecken die schöne Hof-Weise gar übel vergolten, und ihm gewiesen, daß er ein plumper Esel sei, dem das Schmeicheln nit anstehe.

Das »Predigtmärlein« – wie die hier vorgelegten »Scherze, Lügen und Fabeln« auch genannt werden – ist eine von breiten Volksschichten verstandene und von ihr in wesentlichen Teilen auch hervorgebrachte literarische Miniatur, und es läßt sich in kein enges literaturwissenschaftliches Korsett einordnen. Dazu ist es zu vielfältig, zu bunt und wohl auch zu wenig »literarisch«. Darin mag auch der Grund liegen, warum sich weniger die Literaturwissenschaft als vielmehr die Volkskunst und Erzählforschung mit den Märlein befassen. Und dort wird das Märlein auch interessanter verhandelt, denn bei den Untersuchungen dieser literarischen Kleinform, die ein Stück Kulturgeschichte darstellt, stoßen wir auf ein breites Feld folkloristischer, literarischer, theologischer und geschichtlicher Probleme.

Das vorliegende Büchlein hat sich leiten lassen von einem stärker werdenden Interesse an unserer volkskundlichen Tradition. Dieses Interesse hat in den letzten Jahren vor allem im Liedgut des 16. bis 18. Jahrhunderts alte Quellen vergnüglich aufgearbeitet. Und so wie in der Musik das Kunstlied eines Brahms, Schubert oder Beethoven die Spitze eines brei-

ten Traditionsmassivs darstellt, so finden wir auch in den großen Dichtungen der Aufklärung und der Klassik deutliche Spuren einer bislang meist nur der Forschung bekannten literarischen Erzählform, dem »Predigtmärlein«. Dieser Begriff hat sich in den Fachkreisen der Volks- und Erzählforschung durchgesetzt, obwohl er eher nur für den katholischen Bereich zutreffend ist; in den protestantischen Predigten reden wir bezeichnenderweise lieber von den »Predigtexempeln«.
Die Sammlung der vorliegenden Predigtmärlein und Predigtexempel ist kein Beitrag zur weiteren volkskundlichen Erforschung; vielmehr hat sie sich diese zu Nutzen gemacht, um dem unkundigen Publikum die Kunde zu bringen von einer vergnüglichen Spielart deutscher Erzähltradition: von Märchen, Sagen, Sprichworten und Legenden.

Das katholische Predigtmärlein

Das Konzil von Trient (»Tridentinum« 1545–1563) legte den Grund für eine umfassende Erneuerung der katholischen Kirche und des Klerus unter der Führung der sogenannten Reformpäpste Pius V. und Sixtus V. Im Kirchenstaat wurde Ordnung geschaffen,

Privilegien der Geistlichkeit beschnitten, die Verwaltung reorganisiert und das geistliche Leben straffer und zugleich volksnaher gestaltet. Vor allem unter der Führung des Jesuitenordens wurde der umfassende Prozeß zur Gegenreformation ausgeformt, nicht ohne einige restaurativen Tendenzen. Es gelang, viele an den Protestantismus verlorengegangene Gebiete zurückzugewinnen. Die Attraktivität der katholischen Kirche wuchs wieder; die protestantische Kirche vermochte wegen ihrer theologischen Richtungskämpfe nicht, diesen Prozeß aufzuhalten. Natürlich spielten die Machtverhältnisse der einzelnen Territorialfürstentümer dabei eine Rolle, aber der Protestantismus wurde zunehmend eine Kirche für Kenner, denen die Unterscheidung von orthodoxem Luthertum und Reformierter Kirche wichtiger war, als ihre Gemeinden.
Die Gegenreformation faßte in Bayern und Österreich Fuß; in Herzog Albrecht V. fand die katholische Kirche einen emsigen Vertreter des Tridentinums. Sein Sohn Wilhelm V. war der erste Jesuitenschüler auf einem deutschen Fürstenthron. Nach und nach fielen die Diözesen an den katholischen Klerus zurück. Es gab kein protestantisches Fürstenhaus in Deutschland, das nicht Konvertiten am Hof hatte. Der spektakulärste Fall eines Übertritts

auf die katholische Seite war wohl die Konversion der Königin Christine von Schweden, der Tochter Gustav Adolfs. Der nachtridentische Katholizismus brachte eine geschlossene Kultur hervor, die der reformatorischen Abwertung der Welt als Schöpfung Gottes deutliche weltbejahende Konturen entgegensetzte. Papst Sixtus V. vollendete den Petersdom in Rom; Rubens, Tintoretto, Michelangelo und El Greco sind neben anderen die herausragenden Figuren des barocken Aufbruchs in eine Sinnlichkeit, die in Rom und Italien ihren Anfang nahm. In Deutschland brach sich die barocke Kultur erst nach dem Dreißigjährigen Krieg Bahn.

Neben den neuen künstlerischen Formen in Stein und Farbe wurde die theologische Wissenschaft gefördert. In der Zeit der Entdekkung der römischen Katakomben (1570) wurde von Baronius im Jahr 1588 die »Annales ecclesiastici«, eine Edition der urchristlichen Vätergestalten, herausgebracht; später begann der Jesuit Rosweyde eine kritische und zuverlässige Ausgabe der Viten der Heiligen, die 1643 unter dem Namen »Acta sanctorum« erschien. Quellenwerke der christlichen Archäologie folgten, sowie die »Analecta Graeca«, eine kritische Sichtung griechischer Kirchenväter. Die Quellenwerke antiker Autoren haben nicht unwesentlich zur Herausbildung von Erzählstoffen des 16. und 17. Jahrhunderts beigetragen. Die humanistischen Gelehrten ermöglichten durch ihre Forschungen ein tieferes Eingehen auf einen breiten Tratitionsfluß griechischer und römischer Sagen- und Legendenstoffe. Als Material für homiletische Handbücher (Predigtanleitungen) boten sich auch mittelalterliche Überlieferungen an, die vor allem durch die Jesuiten wieder zu Ehren kamen. Aus heute noch nicht ganz zu erklärender Ursache brach nämlich die emsige Herstellung homiletischer Anleitungen um das Jahr 1520 ab, um erst zum Ende des 16. Jahrhunderts von gegenreformatorischen Tendenzen wieder aufgenommen zu werden.

Das Kennzeichen des Barock, die Welt in grelle Zonen des Lichts und des Schattens aufzuteilen und die Lust am Gegensatz von Gott und Teufel, von Sünde und Askese, von Engel und Dämon, von Heiligen und Hexen bestimmt das katholische Frömmigkeitsempfinden jener Zeit. Und so ist es nicht verwunderlich, wenn auch gerade die Messe, der Gottesdienst und die Predigt – als zentrale Orte der Frömmigkeit – diese Lust am Gegensatz aufgreifen und weiterreichen.

Die Reform der Predigt war ein wichtiger Programmpunkt des Tridentinums gewesen und wurde unter der Leitung der Jesuiten eifrig vorangetrieben. In der Messe wurde die Eucharistie wieder stärker betont; sie kommt der individualistischen Gefühlsbetonung entgegen; der Rosenkranz wird zum Kennzeichen des Katholiken. Ein praktisches Christentum wird gefördert, ohne übersteigerte Forderungen an den Alltag zu stellen. Die Gegensätze von Gott und Teufel mit ihren zugeordneten ethischen und religiösen Vorstellungen wurden aufgefangen in dem Bewußtsein einer Einheit von hiesiger und himmlischer Welt. Schon die barocke Ausschmückung einer Kirche vermittelt uns diesen Eindruck. Da schweben neben Engeln im Chorraum grauenerregende dämonische Köpfe an den Kapitellen; neben Apostelgestalten steht der Tod mit der Sense in der Hand; das Irdische, Dämonische und Himmlische ist in einem Raum versammelt und dem Volksfrommen gegenwärtig. Was wir heute gerade am barocken Kirchenbau als überfrachtet empfinden, war damals ein bunter, unterhaltsamer, aber auch ernster und mahnender Anschauungsunterricht für den katholischen Christen.

Wie die Kirche aussah, so hörten sich vielerorts auch die Predigten an. Buntes wurde zusammengewürfelt; Sagen, Legenden, Märchen, Teufelsgeschichten, Engel- und Hexenstories, Mirakel, Sprichworte und biblische Ausschmückungen, Tierfabeln und Fastnachtspossen wurden den Zuhörern zur Unterhaltung, sittlichen Erbauung und tröstlichen Aufrichtung nahegebracht. Kurzum, die »Predigtmärlein« als eine eigene homiletische Gattung gewannen an Boden.

Wir müssen uns heute vergegenwärtigen, daß damals die Predigt eine ganz andere Rolle im Alltag der Christen spielte als heute. Vor allem auf dem Lande war sie neben der Übermittlung christlicher Glaubensinhalte zugleich auch Bildungsmittel, Unterhaltung und Information. Sie war das einzige Medium für große Teile der Bevölkerung; das Buch hatte noch keine umfassende Verbreitung gefunden, zumal große Teile des Volkes nicht lesen konnte. So nimmt es nicht wunder, daß gerade in der restaurativen Epoche der Gegenreformation die Predigt ein wichtiger Ansatz war, die Menschen zum rechten katholischen Glauben wieder zurückzugewinnen. Damit gewinnt die Predigt aber auch kultur- und geistesgeschichtlich an Bedeutung, denn sie diente der Übermittlung eines umfassenden Weltbildes.

Man bemühte sich um eine volksnahe Redeweise. Die Vorbilder der großen Volksprediger des Mittelalters wurden herangezogen, und das einsichtige Mittel, die christliche Lehre mit Hilfe von Erzählungen zu exemplifizieren, kam wieder zu Ehren. Es lag auf der Hand, daß solche Historien, Schwänke, Fabeln und Märlein die Predigten ungemein belebten, und nicht selten dürfte ein Prediger daran gemessen worden sein, wie gut oder wie schlecht er fabulieren konnte. In größeren Städten artete das Fabelwesen schnell aus, denn die Geistlichkeit begann untereinander zu konkurrieren. Schnell nahm nun auch die Mode überhand, »Exempelsammlungen«, Predigtsammlungen aller Art zu publizieren. Viele Prediger, vor allem Jesuiten und Kapuziner, veröffentlichten ihre Predigten ganz oder nur die besonders wirksamen »Märlein«. Diese breite Predigtliteratur war vor allem für die Weltgeistlichen bestimmt, die auf dem Lande ihren Dienst taten. Nicht jeder Prediger hatte die Gabe, Fabeln plastisch zu erzählen, und so bedienten sie sich der reichen Predigtsammlungen ihrer bekannten Kollegen.

Dieser Umstand aber ermöglichte es der Forschung, die Verbreitungsgeschichte eines Erzählstoffes zu untersuchen und damit die territoriale Geschichte anzureichern. Vor allem der ganze süddeutsche Raum und im Westen die Diözesen Köln, Paderborn und

Münster bieten einen reichhaltigen Schatz bunter Fabulierkunst. In Süddeutschland kommt noch ein kräftiges Lokalkolorit dazu; der Dialekt ist in den Predigtmärlein deutlich zu spüren.

Die Predigtmärlein verselbständigten sich zunehmend, und heute ist kaum noch auszumachen, zu welchem Text der Bibel sie eigentlich passen oder erzählt wurden. Wir wissen nur, daß den zahlreichen Festen im Kirchenjahr regelrechte Erzähltypen und Motive zugeordnet waren; so gibt es ganze Sammlungen von »Ostermärlein«, von »Kirchweihmärlein« und Fastnachtserzählungen.

Der Verselbständigung des Predigtmärleins ist auch von katholischer Seite entgegengetreten worden. Eine Reihe von Konzilsbeschlüssen im 16. Jahrhundert befassen sich mit dem Mißbrauch der »Fabeln auf der Kanzel«. Schon Erasmus von Rotterdam hatte eine eigene Schrift gegen den Mißbrauch auf der Kanzel verfaßt; sehr wirksam indessen dürften diese Einschränkungen oder Verbote nicht gewesen sein; zu effizient war die Erfahrung der Volksprediger, die Zuhörer mit Hilfe der Märlein zu begeistern. Manche Prediger suchten nach einem Mittelweg. So ist uns von Georg Scherer aus einem Buch »Christliche Regeln für die Prediger« überliefert:

»Die Prediger sollen nicht Possenreißer, Märleintrager und Fabelhansen sein, sondern Gottes Wort mit geziemender Gravität und Majestät tractieren. Zuweilen die müden Zuhörer mit einem kurzweiligen, zur Sache dienlichen Histörchen oder Spruch zu erlustigen und zu ermuntern, ist unverwehrt. Aber auf die lächerlichen und lahmen Zoten und Narretheiung sich mit Fleiß ergeben und dadurch die Leute an sich ziehen und sich eine stattliche Auditorium machen wollen, soll durchaus nicht sein, und gehört ein solches Gespei nicht auf die Kanzel, sonder an andere Orth.«

Der wohl bekannteste Barockprediger war der am Hof in Wien wirkende Abraham a Sancta Clara. Er hat die ungemeine Beliebtheit der Predigtmärlein richtig eingeschätzt, und seine Predigten waren voller Scherzreden, Wortspiele, Anekdoten und Histörchen. In seiner Sammlung »Gemisch-Gemasch« 1704, schreibt er:

»Ein gutes Exempel ist der beste Prediger, so die Leut bewögt. Ein gutes Exempel ist die beste Glocken, so die Leut in die Kirchen ladet . . .«. Der Prediger war sich allerdings weithin darüber im klaren, daß das Märlein wenig oder überhaupt nichts mit der christlichen Botschaft zu tun hatte, und so nimmt es nicht wunder, wenn er es mit anderen Rechtfertigungen begründet. Es sei gut gegen den Kirchenschlaf und halte den Zuhörer fest, außerdem seien die Geschichten geeignet, zur sittlichen Bildung des Kichenvolkes beizutragen. Bei allem theologischen Für und Wider um das »Fabelwerck« auf den Kanzeln konnte doch über viele Jahrzehnte des 16. und 17. Jahrhunderts sich das Märlein unbeschadet behaupten.

Wie schon erwähnt, haben sich viele Märlein verselbständigt. Durch die Verbreitung verschiedener, immer wiederkehrender Motive (Teufel verführt Zechbruder, Bauernknecht gibt sich als Bischof aus, Bäuerlein nimmt Tod zum Gevatter, Bauer will das Wetter machen, Ehekriegsgeschichten aller Art usw.) bildeten sich feste Erzählstoffe heraus, die aus der heutigen Perspektive auch literarischen Wert beanspruchen können. Ein Fabelstoff wird durch zahllose Prediger variantenreich angereichert, mit lokalen Traditionen verknüpft und mit gekonnter Bildersprache ausgemalt. Durch die umfangreichen Predigtveröffentlichungen und Märleinsammlungen können wir uns heute ein ungefähres Bild von der »literarischen Produktion« der damaligen Zeit machen. In der Erzählforschung ist man sich nahezu einig, daß das »Predigtmärlein« – an der Nahtstelle zwischen schriftlicher Überlieferung und mündlicher Weitergabe liegend – eine wichtige Brücke bildet von den mittelalterlichen Erzählstoffen (Fabeln, Sage, Legende, Wundergeschichten, Märchen) hin zur literarischen Aus- und Umformung in den späteren großen Literaturepochen der Aufklärung und der Klassik, vor allem aber auch der Romantik. Vielen Predigern von damals waren die uns heute geläufigen Erzählstoffe tägliches Handwerkszeug. So begegneten uns in den Predigten die Geschichten vom Rattenfänger von Hameln, Geschichten vom Til Ulenspiegel, die Schildbürgergeschichten, Sagen von Rübezahl, der äsopische Fabelkreis, sogar Motive der Faustsage kommen vor. Zu den Märlein gehören ebenso Stoffe verschiedener Schwankbücher, Fastnachtsspiele, zahlreiche Volksbücher mit heute kaum noch bekannten Scherz- und Lügengeschichten.

Der Erzählstil der Prediger wird vorwiegend durch die mündliche Tradition bestimmt, der Redefluß der Predigten nicht selten durch heftige Gestik und Mimik unterstützt. Der Aufklärer Anton von Bucher beschreibt in seinen kritischen Betrachtungen zur Predigtweise des Barock: »Der Prediger selbst spielte nicht selten in verschiedenen possierlichen Figuren und Stellungen, mit seltsamer Abwechslung der Stimme – bald den Don Risaldo bey seiner

Donna Olivia, bald den Milord Steley, wie er auf seine ungetreue Lady Sonora erboßt hinstürzt.« Aus den Predigten müssen nicht selten richtige Komödien geworden sein, sonst wäre es nicht zu erklären, weshalb auch von ernsten Theologen vehemente Kritik angemeldet wurde. Dem Kirchenvolk aber gefiel diese Art, bot doch das einfache Leben wenig Raum für ausgelassene Späße.

Trotzdem müssen wir dem Eindruck entgegentreten, die Prediger des 16. und des 17. Jahrhunderts seien nur Spaßvögel gewesen. Die ernsthaften Exempel, die moralisch gefärbten Beispielgeschichten und die mystischen Mönchserlebnisse überwiegen weitgehend. Sie sind jedoch für die Erzähltraditionen nicht so wichtig geworden und lange nicht so ergiebig in ihrer folkloristischen Ausbeute. Auch waren manche Prediger wohl darauf bedacht, Derbes und Obszönes aus den Geschichten auszusparen. Sie waren eben vorwiegend Sittenprediger und damit an einen allgemeinen Moralkodex gebunden, der ihnen so manchen Erzählstoff auch verschloß. Da die Prediger, vor allem die auf dem Lande, vorwiegend aus den unteren Schichten der Bevölkerung hervorgegangen waren, war auch die Nähe ihrer Sprache zum einfachen Menschen gewährleistet. So vermochten häufig kleine Andeutungen, gestische Ausdrücke oder lokal geprägte Doppeldeutigkeiten nicht ganz salonfähige Geschichten zu ersetzen.

Die Predigtsammlungen waren vorwiegend in den Pfarrhäusern zu finden. Dort wurden sie ausgewertet und oftmals statt eigener Predigten verwendet. Aber nicht nur im niederen Klerus, sondern auch in unteren Volksschichten hielten sich die Märlein- und Exempelsammlungen zäh; noch 1802 berichtete das Münchner »Tagsblatt« von einem Prediger, der allerlei Fabelgeschichten von der Kanzel erzählt.

Die Aufklärung und die zunehmende Verweltlichung weiter Teile des Lebens ließen die barocken Predigtsammlungen und das Fabulieren auf den Kanzeln allmählich verschwinden. Eine neue theologische Orientierung im Zuge der Konfessionalisierung Deutschlands in Katholizismus und Protestantismus entwikkelte auch die Predigt zunehmend von den einfachen Leuten weg. Die an den verschiedenen Genres reiche Predigtmärlein-Literatur fiel teils der Vergessenheit anheim, teils wurden die Erzählstoffe je nach ihrer Art den aufkommenden volkskundlichen Forschungsbereichen eingegliedert. Die lebendige Tradition hörte auf, und die Wissenschaft bemäch-

tigte sich des Gutes. Der Erzählforscher Wolfgang Brückner schreibt hierzu: »Was an Erzählüberlieferung im 16. Jahrhundert noch zum Stoffreservoir für Erziehungspraxis und homiletische Benutzbarkeit gehörte und im Verlauf des 17. Jahrhunderst zum Teil Material für Unterhaltungsliteratur geworden war, wuchs sich im 18. und 19. Jahrhundert zu eigenen Wissenschaften aus: zur Historie, zur Folkloristik, zu Bereichen einer ausgreifenden Volkskunde als heimischer Ethnographie . . .«
An der Frage, ob die barocke Predigt und in Sonderheit das barocke Predigtmärlein literaturfähig ist, wollen wir uns nicht beteiligen. Uns kommt es darauf an, ähnlich wie dem Liedgut vergangener Jahrhunderte, einer Erzähltradition auf die Spur zu kommen; einer Erzähltradition und Fabulierkunst, die uns über das Volksleben, seine Buntheit und Bedrängnis, seine Fröhlichkeit und seine Ängste manchesmal pointierter und unmittelbarer Kenntnis gibt als die hohe Literatur.

Das protestantische Predigtexempel

Das protestantische Predigtexempel unterscheidet sich von dem Predigtmärlein in etlichen Punkten. Im Protestantismus ist eine neue Tradition wirksam, die stärker als der Katholizismus sich vor allem dem eher intellektuellen griechischen Gedankengut der christlichen Väter geöffnet hat. Eine neue Theologie und ein anderes Weltverständnis haben das ihre dazu beigetragen, frühzeitig den Gottesdienst und die Predigt in den evangelischen Kirchen zu verändern. Stärker und kompromißloser stellte diese Gottesdienstform die Erbauung vor die Unterhaltung. Nur sehr vereinzelt haben auch protestantische Prediger Märlein auf der Kanzel formuliert; für ihre Maßregelung seitens ihrer Vorgesetzten war dann wenig ausschlaggebend, daß gerade sie einen großen Zulauf hatten. So wurde eine harte und lange Kontroverse zwischen dem Hamburger Pastor Schupp und orthodoxen Kreisen gefochten, in der es vor allem um das Erzählen von der Kanzel ging. Wenn überhaupt Geschichten von der Kanzel erzählt werden durften, so mußten sie sich an dogmatischen Richtigkeiten orientieren. Und gelacht werden durfte im protestantischen Gottesdienst überhaupt nicht.

Im ganzen läßt sich sagen, daß der protestantische Prediger den Predigtmärlein seines katholischen Kollegen äußerst skeptisch, wenn nicht gar feindselig gegenüberstand. Das reformatorische Prinzip »sola scriptura« (allein die Schrift ist gültig und wahr), also eine Neuorientierung auf den alleinigen Wahrheitsgehalt der Bibel, die allein Richtschnur des Handelns sein konnte, verbot wie von selbst die Nutzung außerbiblischer Quellen. Und der reformatorische Grundsatz, daß der Mensch die Gnade Gottes nie verdienen könne, sondern sie ihm nur geschenkt werden kann, veranlaßte die Prediger, die Gläubigen in gebührendem Respekt und mit dem nötigen Ernst auf den Gnadenempfang vorzubereiten. Daß den Gläubigen ausgeredet wurde, sie könnten etwas Eigenes für ihr Seelenheil tun, stimmte sie keineswegs fröhlicher; die Distanz zu Gott wurde eher größer und der Gottesdienst langweiliger. Vor allem hatte diese etwas verbogene Theologie der »Nachlutheraner« auf die Predigten einen verheerenden Einfluß. Sie wurden im allgemeinen länger und vor allem mit endlosen dogmatischen Erläuterungen überfrachtet. Es ist glaubwürdig überliefert, daß in größeren Städten eigens Diener angestellt wurden, die die Leute während des Gottesdienstes am Schlaf hindern mußten. Lust und Freude am Gottesdienst konnte da kaum aufkommen.

Viele protestantische Theologen sind auch schriftlich gegen die Märlein zu Felde gezogen. So ist uns z.B. von Justus Ch. Udenius überliefert: »Es muß sich aber ein Prediger fleißig hüten, daß er keinen Saabader agire ... Denn die Predigten müssen also gerichtet seyn, nicht daß dadurch ein Gelächter erwekket, sondern die Tränen aus den Augen gelocket werden.«

Und bei dem Flensburger Pastor Wolfgang Ouw finden wir in seinem Buch: »Nothwendige Erinnerung vom Mißbrauch der Kleider«: »Außerhalb der wahren Kirche sind die Papisten, die nach ihres Vaters des Teuffels Sinn, das Wort Gottes verkehren, davon nehmen und das zu thun, was nur dem dreyköpffichten Höllen-Hund und Teuffels-Pfaffen, dem Papst zu Rom gut deucht. Ihre Predigten sind vielmals mit alten Legenden und Fabeln und andern Irrwischen gewaltig ausgespickt ... O wehe dem Volck, daß solche Predigten und solch Wort Gottes hören müssen ...«

Kritiker und Befürworter der Historien und Exempel beriefen sich auf Luther. Für die einen hat er selbst ein Beispiel gegeben, wie man volksnah auch Historien in die Predigten einbringen kann, für die andern hat Luther auch das Fabelwerk auf der Kanzel kritisiert: »Wenn man vom Artikel der Rechtfertigung predigt, so schläft das Volk und hustet; wenn man aber anfähet, Historien und Exempel zu sagen, da reckts beide Ohren auf, ist still und höret fleißig zu.«

Dem protestantischen Prediger war es am liebsten, seine Zuhörer lauschten still, mit gesenktem Haupt und andächtiger Miene seinen dogmatischen Ergüssen zu; in anderer Weise als innerhalb der katholischen Kirche hatte der Stellenwert der Predigt im Protestantismus an Gewicht zugenommen, und der einzelne Pastor war sich seiner Gewichtigkeit bewußt. Gerade auch deshalb war der Angriff auf die »Fabel-Hansen« besonders intensiv, denn diese untergruben den ehrwürdigen Anspruch so manchen Predigers. So schreibt der Pastor Johannes Mathesius in seinem »Catechismus«: . . »Der Prediger soll . . . nicht Fabeln oder neue zeitung fürtage oder Meerlein erzele . . . oder pössigen reisse und mit Gottes Wort wie ein Lotterbube und Reimsprecher schertze, wie ich einen kenne zu N. und man solcher Gesellen hin und her mehr findet. Denn mit solchen leichtfertigen bößlein, meerlein, Sophisterey und Spitzbüberey werden die Zuhörer nicht können andechtig und fleißig machen, und es kann auch nicht hertzen . . .«

Trotz der protestantischen Polemik gegen das katolische Predigtmärlein und gegen dessen Verwendung in den eigenen Reihen kam der

protestantische Prediger ohne Exempel nicht aus. Auch seine Predigt mußte zuweilen gewürzt werden; schließlich war es nicht besonders sinnvoll, vor schlafender Gemeinde zu predigen. So gab es Prediger, die, wenn auch gegen starke Widerstände und manchmal unter Verlust ihres Amtes, orthodoxes Luthertum, rationalistische Geisteshaltung und volkstümliche Veranschaulichung miteinander in Einklang zu bringen suchten. Es setzte sich allmählich das erbauliche, sittliche und moralische Exempel durch, zuweilen sogar eine ergötzliche Geschichte, die sorgfältig in der Predigt eingesetzt wurde. Keinesfalls aber finden wir innerhalb der protestantischen Predigtliteratur verselbständigende Tendenzen dieses literarischen Beiwerks.
Das evangelische Predigtexempel besitzt eine strengere Tradition und läßt sich stringenter auf seinen Ursprung zurückführen. Abgesehen von den auch hier vorhandenen ähnlichen Erzählstoffen, wie sie uns im süddeutschen Raum begegnen, bilden Luthers Tischredenausgaben eine wichtige Quelle der Exempelliteratur. Wenn auch dort viele Exempel nicht genuin lutherisch waren, so waren sie doch durch ihn zitierbar geworden. In der Tischredenausgabe von Aurifaber, die 1567 herauskam, finden wir eine gewisse Themen- und

Schlagwort-Anordnung. Diese in achtzig Kapitel eingeteilte Sammlung ist in dogmatische Lehrstücke eingeteilt, die sich in ähnlicher Weise bei Philipp Melanchthons »Loci communes« wiederholen. Dogmatische Lehrfragen und pastoral-theologische Probleme standen im Vordergrund. Die Gliederung jener Bücher wurde in protestantischen Exempelsammlungen beibehalten, und dieses Anordnungsprinzip finden wir noch in den Loci Theologiae Historici-Sammlungen des 17. Jahrhunderts wieder. Auch läßt sich in den Exempelsammlungen des 16. Jahrhunderts eine Einteilung nach den zehn Geboten nachweisen, so z.B. die Sammlungen Manlius: »Collectanea locorum communium« 1563; ein Hinweis darauf, daß die lutherische Kirche die Exempel in einem strengen System hielt.

Neben den reformatorischen Ursprüngen der Exempel finden sich in der Predigtliteratur auch ähnliche Traditionen wie in der katholischen Märleinliteratur. Antike Autoren wie Aristoteles, Cicero, Plato, Terenz, Vergil; Kirchenschriftsteller wie Ambrosius, Augustin, Eusebius, Isidor; mittelalterliche Sammler wie Caesarius v. Heisterbach und Humanisten wie Krautz, Boccaccio, Cordatus, Franck u.a.m. sind Lieferanten der Exempelliteratur.

Ein gewisser Grundstock von Autoren läßt sich nachweisen.
Entsprechend dem protestantischen Ernst waren die Bußpredigten besonders verbreitet. In ihnen wurden ernste didaktische und sittliche Exempel eingesetzt, und es scheint nicht unmöglich, daß von dorther unser abwertender Begriff der »Moralpredigt« stammt. So lesen wir in Zacharias Rivanders »Promtuarium Exemplorum«: ». . .So habe ich . . . etliche Historien und Exempel auß warhafftigen Chronicken und Geschichten mit fleiß als einen Spiegel Göttliches Zorns wider die Sünde menniglich für die Augen stellen wöllen, in welchen und jedermann sehen köndte, daß ein Gott im Himmel sey, der auch Richter ist auff Erden . . .«. Zuweilen bedienten sich die protestantischen Prediger der katholischen Heiligenlegenden, um deren Ideale zu verspotten. Bei Hieronymus Rauscher (1515–1564) werden die erotischen Versuchungen der asketischen Heiligen sogar zu etwas schlüpfrigen Geschichten ausgemalt: So läßt sich Sankt Bernhard von einem nackten Mädchen im Bett »streicheln« und angreifen. In der Legende von Sankt Paul wird ein Jüngling nackt auf ein Lustbett gebunden und eine schamlose Dirne macht ihn »des Fleisches Bewegung« empfinden.

In den Exempelsammlungen des 17. Jahrhunderts treten mehr und mehr die didaktischen und theologisch-orthodoxen Momente hervor. Im Laufe der lutherischen Orthodoxie, der dogmatischen, formalistischen Erstarrung, verschwindet das Exempel zunehmend und wird nur noch vereinzelt im Pietismus wachgehalten.

Verzeichnis der Prediger

Abraham a Sancta Clara

geb. 1644 in Kreenheimstetten (Baden), gest. 1709 in Wien

Augustiner-Barfüßer, seit 1677 in Wien kaiserlicher Prediger und Subprior, bekanntester Barockprediger.

Athanasius von Dillingen

geb. 1633 in Dillingen, gest. 1714 in Augsburg, Kapuziner, u.a. wirkte er als Lektor für Philosophie und Theologie in Salzburg.

Adam Bernd

Protestantischer Prediger in Magdeburg.

Weitere Daten unbekannt.

Clemens von Burghausen

geb. 1693 in Burghausen, gest. um 1732 in Regensburg, Kapuziner, Prediger vorwiegend in Regensburg.

Marcellianus Dalhofer

geb. um 1655 in München, gest. 1707 in Landshut, Franziskaner, Kanzelredner u.a. in Freising, München und Regensburg.

Ignatius Ertl

geb. 1645 in Ingolstadt, gest. 1713 im Kloster Schönthal (Oberpfalz), Augustinereremit, Prediger u.a. in München.

Johann Christoph Gerstäcker
geb. um 1650, gest. 1725 in Grumbach bei Dresden, evangelischer Pfarrer in Grumbach.

Salomo Gesner
geb. 1559 in Bunzlau (Schlesien), gest. 1605 in Wittenberg, protestantischer Prediger in Pommern und an der Schloßkirche Wittenberg.

Petrus Hehel
geb. 1679 in Wien, gest. 1728 in Graz, Jesuit, Lektor der Rhetorik, Doktor der Philosophie, Feiertagsprediger.

Johann Laurenz Helbig
geb. 1622 in Bischofsheim (Rhön), gest. 1721 in Haßfurt, Weltgeistlicher, Pfarrer in der Diözese Würzburg.

Heribert von Salurn
geb. 1637 in Salurn (Tirol), gest. 1700 in Meran, Kapuziner, Prediger und Beichtvater seines Ordens.

Andreas Hondorff
geb. um 1530 in Naumburg, gest. 1572 in Droyßig, evangelischer Prediger in Merseburg und auf Dörfern bei Weißenfels.

Leonhard Leo
geb. unbekannt, stammt aus Schwaben, gest. 1715 in Gronau, Generalprediger für den Konvent Soest, Domprediger in Münster, Prior der Dominikaner in Münster.

Johannes Mollerus
geb. um 1610 in Löwen (Schlesien), gest. unbekannt, evangelischer Pfarrer in Dirschau (Preußen).

Lucianus Montifontanus
geb. um 1630 in Schruns (Österreich), gest. 1716 in Bregenz, Kapuziner, hatte verschiedene hohe Ämter seines Ordens inne.

Mauritius Nattenhusanus
geb. 1652 in Nattenhausen (Schwaben), gest. 1715 in Meran, Kapuziner, Prediger u.a. in Augsburg.

Franz Anton Oberleitner
geb. um 1680 in Salzburg, gest. 1741 in Obertaufkirchen, Weltgeistlicher und Dorfpfarrer in der Diözese Salzburg.

Conrad Purselt
geb. 1644 zu Pottenstein (Franken), gest. 1706 in Mainz, Jesuit, Prediger in Fulda und Mainz.

Wolfgang Rauscher
geb. 1641 in Mühldorf am Inn, gest. 1709 in München, Jesuit, u.a. Domprediger in München.

Zacharias Rivander
geb. um 1554 in Lößnitz (Erzgebirge), gest. 1594 in Bischofswerda, Pfarrer und Superintendent in Luckenwalde, Forst und Bischofswerda, wurde von seinem evangelischen Amtsbruder Streuber wegen theologischer Streitigkeiten mit seiner ganzen Familie vergiftet.

Paul Röber

geb. 1587 in Wurzen, gest. 1651 in Wittenberg, evangelischer Theologe und Generalsuperintendent in Wittenberg.

Hermann Samsonius

geb. 1579 in Riga, gest. 1643 dortselbst, Prediger in Wittenberg und Riga, überzeugter und streitbarer Lutheraner.

Christoph Selhamer

geb. um 1630 in Burghausen, gest. um 1705 in Salzburg, Stadtkaplan und Seelsorger in Salzburg und Weilheim.

Albertus Steffan

geb. um 1660 in Würzburg, gest. um 1730 in Unterfranken, Dominikaner, Prediger und Prior seines Ordens.

Georg Stengel

geb. 1584 in Augsburg, gest. 1651 in Ingolstadt, Jesuit, Prediger und Dichter vorwiegend in Ingolstadt.

Gregor Strigenitz

geb. 1548 in Meißen, gest. 1603 dortselbst, evangelischer Pastor und Superintendent u. a. in Weimar, Orlamünde und Meißen.

Andreas Strobl

geb. 1641 in Tittmoning a.d. Salzach, gest. 1706 in Buchbach, Landgeistlicher, wurde zu einem der bekanntesten Märleinprediger seiner Zeit.

Placidus Taller
geb. 1655 zu Rott am Inn, gest. 1721 in Kötzting (Bayern), Benediktiner, Bibliothekar und Prediger seines Ordens.

Nathanael Tilesius
geb. 1565 in Hirschberg, gest. 1616 in Militsch (Schlesien), evangelischer Pastor und Superintendent in Wohlau.

Casparus Titius
geb. um 1750 in Halle, gest. 1648 in Hedstädt, evangelischer Diakonus und Pfarrer in Gönnern a.d. Saale und Pfarrer in Hedstädt.

Johann Friedrich Varnhagen
geb. 1645 in Iserlohn, gest. 1701 dortselbst, evangelischer Prediger in Iserlohn.

Warburger Predigtsammlung
Sammlung westfälischer Dominikanermönche, enthält 1190 handschriftliche Predigten und Predigtstücke.

Christian Weidling
geb. 1660 in Weißenfels, gest. 1731 in Ottendorf bei Hamburg, Theologe und Philosph, Herausgeber von evangelischer Exempelliteratur.

Leo Wolff
geb. 1640 in München, gest. 1708 bei Augsburg, Franziskaner, Prediger vorwiegend in Schwaben.

Verzeichnis der Quellen und der verwendeten Literatur

Abraham a Sancta Clara, Huy! und Pfuy! der Welt . . ., Nürnberg-Würzburg 1711
vl. auch: Abraham a Sancta Clara, Purpurmäntel und Bauern-Kittel, Eine Auswahl, herausgegeben von Gisela Fritzsche und Erika Weber, Berlin 1969

Bernd, Adam, Siebentzig Kanzel-Reden . . ., Leipzig und Altona 1746

Brückner, Wolfgang (Herausgeber), Volkserzählung und Reformation, Berlin 1974

Bucher, Anton v., Sämtliche Werke, München 1835, Bd. 6.

Busch, Moritz, Deutscher Volkshumor, Leipzig 1877

Cruel, R., Geschichte der deutschen Prediger im Mittelalter, Detmold 1879

Eybl, Franz, Gebrauchsfunktion Barocker Predigtliteratur, Wien 1982

Intorp, Leonhard, Westfälische Barockpredigten in volkskundlicher Sicht, Münster 1964

Linsenmayer, Anton, Geschichte der Predigt in Deutschland von Karl dem Großen bis zum Ausgang des 14. Jahrhunderts, München 1886

Lohmeier, Georg, Bayerische Barockprediger, München 1961

Luther, Martin, Kritische Gesamtausgabe, Weimar 1883 ff.

Moser-Rath, Elfriede, Predigtmärlein der Barockzeit, Berlin 1964

Ouw, Wolfgang, Nothwendige Erinnerung vom Mißbrauch der Kleider . . ., Hamburg 1663

Rehermann, Ernst Heinrich, Das Predigtexempel bei protestantischen Theologen des 16. und 17. Jahrhunderts, Göttingen 1977

Röber, Paul, Vier unterschiedene Predigten/Die Erste/PATIENTIA, gedult . . ., Wittenberg 1650

Schreiber, Georg, Das Weltkonzil von Trient. Sein Werden und Wirken, Freiburg 1951

Veit, Andreas und Ludwig Lenhart, Kirche und Volksfrömmigkeit im Zeitalter des Barock, Freiburg 1956

Wilms, Alex, Predigtsammlungen des Warburger Dominikanerklosters. (Quellen und Forschungen zur Geschichte des Dominikanerordens in Deutschland, Heft 36), Köln 1939